나는 서른에 비로소 홀로 섰다

나는 서른에 비로소 홀로 섰다

조광수 지음

논어에서 배우는 인생 수업

한국경제신문

서른 즈음, 공자에게 길을 묻다

'삼십이립' 이 어려워진 시대

어느 시대나 또한 어느 세대나 저마다 아픈 사연이 있게 마련이지만 지금 대한민국의 30대는 여러모로 독특한 세대다. 지금의 30대는 연애, 결혼, 출산을 포기할 수밖에 없는 '3포 세대' 인 동시에 주거 불안, 직장 불안, 노후 불안에 시달리는 '3불 세대' 다. 포기와 불안, 불평, 불만이라는 감정은 극단적 선택을 하게 만들거나 소비 지향적 성향을 낳기도 한다.

우리 현대사를 통틀어 유일하게 '나아지는 추세'에서 '못해지는 추세' 로 하향 전환하는 시대를 살고 있는 세대, 그래서 일찌감치 철이 든 세대. 그들이 자기중심적이고 합리적이며 소비 지향적인 데에는 그럴 만한 이유가 있다.

예전보다 사회에 진출하기까지 학습 기간이 더 길어졌고, 경쟁은 더 심해졌으며, 경제적 독립이 쉽지 않아졌다. 이런 사회적 요인이 복합적으로 작용하면서 30대에 자립하기가 어려워진 시대가 된 것이다. 암울하지만 현실이다.

"나는 일찍이 열다섯에 학문에 뜻을 세우고[志于學] 정진해 서른에 섰다[而立]. 서른에 자립할 수 있었기 때문에 유혹에 흔들리지 않는 마흔이 됐고[不惑], 쉰에 하늘의 뜻을 알았으며[知天命], 예순에 무슨 말이든 다 들어줄 수 있게 됐고[耳順], 일흔에 이르러 마음이 하자는 대로 해도 경우에 어긋나지 않게 됐다[從心所慾不踰矩]."

"나는 서른에 섰다[三十而立]."

참으로 근사한 말이다. 난세에 일흔두 살까지 살면서 인생의 사계절을 다 지낸 공자가 만년에 이르러 남긴 말로써 '나이 삼십에 이르러 어떠한 일에도 움직이지 않는 신념이 서게 됐다' 는 뜻이다.

공자가 말하는 서른의 '이립(而立)' 에는 인격적 자립을 확보하고 전문성을 갖춰 경제적 독립을 이뤘다는 두 가지 의미가 담겨 있다.

첫째, '섰다' 를 뜻하는 립(立)은 사람이 대지 위에 서 있는 모습을 본 뜬 글자로 자립(自立)을 의미한다. 자립이란 단순하게 '서다' 만 의미하는 것이 아니다. '인격적으로 자립했다' 는 뜻이다.

둘째, '똑바로 서서 나의 길을 걷고 있다' 는 뜻이다. 30대란 회사원이나 사업가로서 세상에서 떳떳하게 자리를 잡고 지위를 확고하게 세우는 입신(立身)의 시기다. 자신의 분야에서 성취를 이뤄 전문가가 돼야 경제적 독립이 가능하다.

서른, 홀로서기가 필요한 시간

30대는 인생의 전성기인 40대를 앞두고 대비하는 시기이기도 하다. 30대의 10년을 어떻게 보내는지에 따라 전체

인생의 넓이와 깊이가 결정된다고 해도 과언이 아닌 것이다.

인생에서 30대라는 시기는 사람됨의 근거가 점점 무게를 더해가야 할 때다. 내가 누구인지 정체성을 확립하고, 어디를 향해 가고 있는지 삶의 방향을 잡고, 더불어 시대정신이 무엇인지 진지하게 고민해야 할 때다. 10년, 20년 단위로 미래를 계획해야 하고, 개인적인 삶이나 사회생활에서 힘을 쌓아 서서히 향기와 윤기를 만들어가야 할 때다. 그야말로 세상은 넓고 할 일은 많은 시기다.

주목할 만한 사실은 공자가 30대에 전문가로서 역량과 인격적 기반을 충실히 다졌다는 점이다. 누구에게나 공평히 주어진 10년이지만 공자는 이 시기에 기초를 탄탄히 다진 덕분에 더 큰 사람으로 성장할 수 있었던 것이다.

사실 시대가 아무리 좋아져도 공자처럼 '서른에 올곧게 서기'란 어렵다. 만만한 인생이란 어디에도 없고, 삶은 누구에게나 엄혹한 것이다. 사람은 근심 속에 살고, 편안하면 죽는다고 했다. 시대의 근심도 있고 세대의 근심도 있으며 개개인의 근심도 있다. 이는 사는 동안에 누구나 예외 없이 겪는 일이다. 그래서 위안과 격려가 필요하고, 희망의 메시지가 필요하며, 탈출구가 필요한 것이다. 그런데 이런 지혜와 용기를 공자에게서 찾아보는 것은 어떨까?

역사에서 존경받아 마땅한 스승은 많았다. 하지만 청년의 의혹을 풀어주고 그들에게 도를 가르쳐 인류 역사의 방향을 바꿔놓은 스승은 귀했다. 공자가 바로 그런 스승이다. 서른이 던지는 질문에 대한 답을 공자로부터 구하는 이유는 다음과 같다.

왜 다시금 공자인가

첫째, 공자는 청년들과 호흡이 잘 맞는 스승이었다. 젊은 시절 온갖 허드렛일을 해야 했기 때문에 청년들의 출신이 아무리 빈천해도 능력과 열정만 있다면 계발시켜주려 애썼고, 진지함과 포부를 가진 제자라면 결코 외면하지 않고 가르치는 데 힘썼다.

자신만큼 대재(大才)였던 제자 안회가 30대에 요절하자, 슬픔을 이기지 못해 식음을 전폐하면서 "아! 하늘이 나를 버리시려 한다"고 탄식할 정도로 제자들을 사랑하고 아꼈다. 공자는 '후생가외(後生可畏)' 즉 "후생(뒤에 난 사람, 후학 혹은 제자)을 존중하라"고 했다. 제자들의 발전 가능성을 인정해준 참 스승이었던 것이다.

둘째, 인생은 험난했지만 공자는 시대를 탓하지 않고 품위 있고 규모 있게 살았다. 당시는 우리가 흔히 난세의 대명사로 언급하는 춘추시대 말기였다. 그런 난세를 살아가면서도 그는 끝내 사람에 대한 기대와 사회 개혁에 대한 포부를 잃지 않았다.

그렇다고 공자가 매사 무겁기만 한 엄숙주의자는 아니었다. 술 마시고, 노래하고, 낚시하고, 활 쏘고, 사냥하는 등 다양한 취미 생활을 즐겼다. 시(詩)와 예(藝)의 세계에서도 자유롭게 노닐었다. 탁월한 사상가이자 정치개혁가였지만 문화적 소양을 갖춘 자유인이기도 했다. 우리와 멀리 떨어져 있는 성인군자가 아니라 바로 곁에서 친근하고 소박하게 인간적인 조언을 해주는 선배였던 것이다.

셋째, 공자는 당대에 정치 지도자가 돼 세상을 개혁하

려던 꿈을 끝내 이루지 못했지만 자신이 잘할 수 있는 다른 일을 찾아 최선을 다했다. 인생 후반부인 50대에 사람과 기회를 찾아 주유천하에 나섰던 것이다. 무려 13년 동안이나 출사표를 들고서 뜻을 펼칠 기회를 찾아다녔다. 결과적으로 시대는 기회를 주지 않았지만 좌절하지 않고 다른 뜻 있는 일, 즉 제자 가르치기와 문헌 정리에 전념했다. 끝까지 자신의 사명을 다한 것이다.

그럼에도 불구하고 기원전 6세기 사람인 공자가 21세기 대한민국을 살아가는 30대에게 적절한 조언과 제언을 해줄 수 있을지 여전히 의문을 가질 법하다. 일과 사랑, 돈과 우정, 여가 생활과 가족 문제에 이르기까지 명쾌한 답을 줄 수 있을까? 다시 한 번 결론을 얘기하자면 그렇다는 것이다.

공자의 가르침은 때론 엄하고, 때론 따뜻하며, 때론 촌철살인의 날카로움이 있다. 공자가 주는 해답은 실용적이기도 하지만 즉문즉답이 아니어서 뜬구름처럼 느껴지기도 할 것이다. 하지만 그의 제언은 틀림없이 큰 울림과 깨우침을 줄 것으로 확신한다. 그것이 공자가 2,000년 동안 살아 숨 쉬고 있는 비결이다. 또한 그것이 고전이 가지고 있는 힘이다. 공자의 사상과 지혜에 담긴 묵직한 힘, 그 힘을 30대가 꼭 느꼈으면 한다.

서른,
답을 잃어버리다

일찍 철이 들어
슬픈 30대에게

일생의 계획은 젊은 시절에 달려 있고,

일 년의 계획은 봄에 있고,

하루의 계획은 아침에 달려 있다.

젊어서 배우지 않으면 늙어서 아는 것이 없고,

봄에 밭을 갈지 않으면 가을에 바랄 것이 없으며,

아침에 일어나지 않으면 아무 한 일이 없게 된다.

– 공자의 삼계도운(三計圖云)

인생에는 자연의 순환처럼 4계절이 있다. 보통 한 계
절을 18년 정도로 보는데, 18년씩 4계절을 다 돌고 나면 공자가 서거한 나이인 72세가 된다.

만일 그때까지 지병 없이 강건하게 살아 있다면 그것 자체로도 큰 복이다. 모두가 알아줄 만한 업적을 이뤘든 아니든 72년의 4계절을 무난하게 지냈다면 그 자체로 준수한 인생이라 할 수 있다. 그리고 이후 5년이건 10년이건 삶을 더 이어간다면 그건 그야말로 가외의 선물이다. 하루하루를 고맙다고 여기며 삶의 향기를 은은하게 풍기면서 베푸는 자세로 살아가야 할 것이다.

4계절 중에 봄이 끝나면 인생에서 가장 꽃다운 나이라는 방년(芳年) 18세가 된다. 그다음에 시작되는 여름은 20대와 30대 중반까지를 아우르는 시기로서 인생의 두 번째 계절이다. 다가올 가을을 위해 가장 열심히 땀 흘리며 일할 나이인 것이다. 그야말로 신록(新綠)의 계절이다.

사람이든 나무든 신록일 때가 가장 아름답다. 미래에 어떤 성취가 있을지, 어떤 열매를 맺을지 아직 확실하지 않지만 활력이 넘치고 싱싱하게 물이 오르는 시기다. 농사도 이 시기의 관리가 수확의 양과 질을 결정하듯, 인생도 30대에 쌓는 공력과 인격이 사람의 크기와 깊이를 결정한다. 30대는 아직 자기 자리를 만들어가는 미완성의 시기이므로 그만큼 더 노력해야 한다. 그리고 50대 중반이면 가을이다.

문제는 여름과 가을을 사는 20~50대가 경험하는 '오춘기'의 감정이다. 사는 게 뭔지, 앞으로 어떻게 살아야 하는지, 내가 누구인지, 무엇을 위해 열심히 일해야 하는지 통 모르겠다는 것이다. 특히 일찍 철이 들 수밖에 없었던 30대가 문제다.

●
방황하는 이들을 위한
중용의 감각

철이 들었다는 말은 계절에 맞게 생각하고 행동한다는 뜻이며, 철이 들지 않았다는 말은 아직 그때가 되지 않았다는 뜻이다. 혹은 계절에 맞지 않은 옷을 입고 다닌다는 뜻이기도 하다.

봄과 여름을 제대로 나지 않고서는 오곡백과가 여물고

맛이 드는 가을을 맞이할 수가 없는 것처럼 사람도 철이 드는 제때가 따로 있다. 제때를 제대로 거치지 않고 성숙한 인간이 되기를 바랄 수는 없는 일이다.

사실 철이 든다는 것은 산전수전 다 겪고 나서 인생의 쓴맛을 경험한 다음에야 비로소 얻어지는 자연의 섭리와 같다. 어릴 때는 제 아무리 알고 싶어도 알 수가 없다. 비바람에 수없이 꺾여봐야 세상물정을 알고 철이 드는 것이다. 그런 의미에서 철이 든다는 것은 한편으로 가슴 아프고 쓸쓸한 일이다.

나이가 들고 경험이 늘면서 자연스레 철이 든 것을 그나마 대견스럽다고 여길 때 비로소 의미가 있는 법인데, 새파란 나이에 철이 들었다고 하면 그야말로 가슴 시린 일이다. 지금의 30대가 딱 그렇다.

지금의 30대는 본래 자연스러운 나이보다 일찍 철이 든 안타까운 세대다. 이들은 1997년 IMF 외환위기와 2008년 금융위기. 그리고 2010년대 경기침체의 직격탄을 맞으면서 어쩔 수 없이 일찌감치 철이 든 세대다.

이래저래 어린 나이에 돈과 직장의 중요성을 절감한

30대는 마음 고생, 몸 고생을 통해 철이 들었다. 직장 생활을 하면서 동료들과 쉽게 어울리지 못하고, 자기중심적이지만 합리적이며 소비지향적이지만 현실적인 데에는 다 그만한 이유가 있었던 것이다.

일찍 철이 들어 슬픈 30대에게 꼭 해주고 싶은 말은 어깨를 짓누르는 무거운 '철'을 가끔씩은 내려놓으라는 것이다. 정신없이 바쁘게만 30대를 보내다가는 삶의 균형을 잃을 수 있음을 염두에 둬야만 한다.

일에만 몰두하면 숲을 보지 못하고 나무만 보는 우를 범하게 된다. 열심히 일하다가도 한 번씩 허리를 펴고 지금껏 해온 일도 돌아보고, 나가는 방향은 제대로인지, 앞으로 얼마나 남았는지, 다른 사람의 작업은 또 어떻게 되고 있는지 등을 두루 살피는 여유를 가져야 한다는 것이다. 땅에 코를 처박고 일만 보고 있으면 곤란하다. 가끔씩 자신을 돌아보는 시간을 가져야 한다.

그렇다고 해서 허리를 펴고 멀리 숲만 바라보는 것도 곤란하다. 허황된 큰 그림만 그리다가는 자칫 순발력이 떨어지기 쉽다. 유유자적하면서 숲만 보다가는 내 나무가 썩어나가는 것을 알아채지 못할 수도 있다.

이것도 안 되고 저것도 안 된다면 대체 어떻게 하라는 것이냐고 반문할 법하다. 그에 대한 답을 《논어(論語)》의 '선진 편'에 나오는 '과유불급(過猶不及)'이라는 말로 대신해볼까 한다. 무엇이든 지나친 것은 결국 부족함과 마찬가지라는 뜻이다.

하루는 제자 자공이 물었다. "자장과 자하 중 누가 더 낫습니까?" 공자가 대답했다. "자장은 좀 지나치고 자하는 좀 모자라지."

자공이 다시 물었다. "그러면 자장이 더 낫다는 말씀이십니까?" 공자가 말했다. "지나친 것이나 모자라는 것이나 똑같은 것이다."

그래서 매사에 공자가 가장 소중한 가치로 여긴 중용의 도가 필요하고, 그게 어렵기 때문에 늘 공부를 게을리하면 안 된다. 중용의 도란 어중간하게 한가운데에 위치하라는 것이 아니다. 중용은 역동적인 균형감각이다. 때에 따라 알맞게 도를 행하는 것이다.

일과 삶의 균형을 찾는 30대가 되기를 바란다. 일이

전부라고 말하는 사람 치고 행복하게 사는 사람을 보지 못했다. 간혹 가정을 포기해야 성공할 수 있다는 말을 하기도 하는데 이는 잘못된 충고다.

우리가 열심히 일하는 이유는 지금보다 더 행복해지기 위해서다. 그런데 가정이 불행해지고 나서 내가 능력을 인정받고 돈을 더 받으면 뭐하겠는가. 가족이 돈으로 행복해지는 것이라면 시장에 나가 채찍 잡고 문 지키는 졸개 노릇이라도 하겠지만 그게 아니다. 행복한 사람이 일을 더 열심히 하고 성공으로 가는 지름길을 찾아내는 법이다.

서른이건 마흔이건, 결혼을 했건 아이가 있건 없건 간에 우리는 행복해질 권리가 있다. 그 행복을 방해하고 있는 장해물이 무엇인지는 사람마다 다르겠지만 본인 스스로는 알 것이다.

장해물은 피한다고 피해지는 것이 아니다. 정면으로 돌파해야 없앨 수 있다. 그렇다면 한판 승부를 내야 한다. 싸워서 이겨야 한다. 그것이 내가 행복해지는 유일한 방법이라면 그래야 한다.

행복은 결코 장기적금 같은 것이 아니다. '지금 불행해도 열심히 살면 나중에 행복해지겠지'라고 생각하면 큰 오산이다. 오늘 행복하지 않다면 그것은 행복이 아니다. 일도, 사랑도, 행복도 오늘 열심히 즐기고, 쟁취하고, 만족해야 한다. 그것이 사람답게 사는 일이다.

●
사람답게 살 수 있는
세 가지 조건

사람이 사람답게 살기가 참 어려운 세상이라고들 얘기한다. 사람이 사람의 길을 알고 문명의 꿈을 꾸며 살아가는 것이 사람답게 사는 것인데 그게 말처럼 쉽지 않기 때문이다.

사람이 사람답게 살려면 적어도 다음의 세 가지 조건이 충족돼야 한다.

첫 번째로 일상적인 삶을 영위할 수 있는 기본 환경이 갖추어져야 한다. 안전하게 먹고, 마음 편하게 쉴 수 있는 상식적인 공간이 우선 확보돼야 한다는 뜻이다. 하지만 치솟는 집값, 전셋값에 결혼을 포기하는 20~30대도 있고 하우스 푸어가 되어 허덕이는 40~50대도 있다. 그것이 현실이다. 공자는 "군자는 굶어도 거문고를 타지만 소인은 궁하면 아무 짓이나 다 한다"고 했지만 평범한 사람들이 궁한 상황에서 도를 즐기기는 쉽지 않다.

두 번째로 지위와 역할 관계에 충실할 수 있어야 한다. 직장인은 직장인답게, 공직자는 공직자답게, 부모는 부모답게, 자녀는 자녀답게. 그 누구든 제 위치에서 자신의 역할을 다하고 살 수 있어야 한다. 그래야만 세상이라는 톱니바퀴가 삐걱거리지 않고 제대로 맞물리면서 돌아간다.

공자 역시 군군 신신 부부 자자(君君 臣臣 父父 子子) 즉 임금이 임금답고, 신하가 신하답고, 아버지는 아버지답고, 자식은 자식다워야 올바른 정치가 이루어진다고 했다. 하지만 지금의 대한민국 사회는 그렇지 못하다. 부조리의 전형인 정치판과 이른바 '관피아' 문제에서 보듯 군군 신신모두 아니다. 물론 우리도 부부 자자를 제대로 하고 있지 못하다. 아래 위 할 것 없이 지위와 역할 관계에 충실하지 못한 현실이다.

마지막으로 무엇보다 사는 즐거움과 행복감이 있어야 한다. 하지만 안타깝게도 사는 게 행복하다고 얘기하는 사람들이 그다지 많지 않다. 위의 두 가지 문제가 해결되지 않으니 재미가 없고, 재미가 없으니 행복하지 않은 것이다.

"사는 게 사는 게 아니죠. 웃어야 웃을 일이 생긴다고 하는데, 다 말장난입니다. 마음에서 기쁨이 우러나지 않는 억지웃음만 짓는데 웃을 일이 생길 리가 있나요?"

당연하고도 필수적인 이런 인간의 조건들이 충족되지 못하는 큰 이유는 우리 사회가 안고 있는 구조적 문제 때문이다. 너무 빠르게 달려온 탓에 기본기가 다 무너져버렸다. 하지만 더 근본적으로는 사람의 욕망이 현실의 그것보다 더 크기 때문이다.

인생이란 게 결국 그 정도의 행복과 공간, 그 정도의

시간이면 충분한데도 사람들은 더 많은 것을 기대한다. 행복이나 만족이란 그것을 찾아낼 줄 아는 마음에 달린 것인데, 그 마음에 온갖 삿된 욕심이 가득하니 괴로울 수밖에 없는 것이다.

사실 욕망 자체는 아무 문제가 없다. 욕망에 무슨 죄가 있겠나. 욕망이란 삶을 지탱해주는 생명력 그 자체다. 욕망은 곧 생명력이고 삶을 향한 의지이기 때문에 이것을 털어낸다든지 비운다든지 하는 것은 삶 자체를 포기하겠다는 뜻과도 일맥상통한다. 애초부터 가능하지도 않은 무망한 노릇이다. 오히려 욕망의 우선순위를 잘 정하는 전략적 선택, 그것이 삶의 지혜다. 될 것과 되지 않을 것을 잘 선택해야 한다.

공자는 욕망에 대해 어떻게 말했을까? 그는 노자나 장자처럼 세속을 훌쩍 떠나 소요하듯 사는 삶을 주장하지도 않았고, 불가에서 말하는 세 가지 번뇌인 '탐진치(貪瞋癡)'를 없애려 하지도 않았다.

탐진치란 탐욕(貪慾), 진에(瞋恚), 우치(愚癡)을 일컫는 말로 '탐내어 그칠 줄 모르는 욕심과 노여움과 어리석음'

을 뜻한다. 불가에서는 이 세 가지 번뇌가 열반에 이르는데 장애가 된다고 하여 삼독(三毒)이라 했지만 공자는 굳이 저어하지 않았다. 이처럼 공자의 위대함은 사람을 말하면서 현실과 이상 사이의 균형을 절묘하게 유지했다는 점이다.

공자는 "덕(德) 좋아하기를 색(色) 좋아하듯 하는 사람을 여태껏 본 적이 없다"고 했다. 인생이 결국은 음식남녀(飲食男女)●라는 사실을 수긍했다. 비록 그것이 삶의 전부는 아니지만 먹고 마시고 사랑하는 것이 인생의 기본이라는 현실을 인정했던 것이다.

여기서 말하는 색이란 남녀관계이며, 나아가 사람의 본능적인 욕망 전체를 말하기도 한다. 덕이란 본능을 이기고 자기 몸과 마음을 다스려나가는 지난한 공부의 과정이다. 그런데 본능은 자연스러운 것이고, 덕은 애써 기르고 닦는 것이다. 당연히 덕 좋아하는 사람보다 색 좋아하는 사람이 더 많은 것이 세상의 이치다.

● 먹고 마시는 것과 남녀의 정은 인간의 가장 보편적인 욕망이라는 뜻이다.

공자가 이후 유교라는 매력적인 학문 체계와 생활 태도의 비조(鼻祖)가 된 비결은 이처럼 평범한 남녀의 감정과 욕망에 대한 공감이 있었기 때문이다. 공자는 범인(凡人)의 욕망에 대한 이해와 공감이 있었을 뿐만 아니라 아주 유연한 삶의 태도를 보여줬다. 그는 "천하의 일 중에 군자로서 고집스레 반드시 그렇게 해야 할 것도 없고, 또 반드시 그렇게 하지 말아야 할 것도 없다. 그저 의(義)에 따를 뿐이다"라고 하여 원칙을 벗어나지 않는 선에서 임기응변의 유연함을 권했다.

여기서 말하는 의는 단순히 '옳다'는 뜻이 아니라 '적합하고 합당하다'는 뜻이다. 사리에 밝고 공명정대하며 사사로이 일을 처리하지 않는 것, 즉 합리적인 처리를 말한다. 또한 그때 상황에 맞는 중용의 태도를 찾아 행하는 시중지도(時中之道)를 뜻하기도 한다.

이처럼 공자는 인간의 본성과 하늘의 이치에 대해 구체적으로 단언한 바는 없지만 기본적으로 소박하고 인간적이었다. 그의 사상은 세속에 기반을 두고 있었고, 한 걸음 한 걸음이 힘들지만 '죽어서야 끝나는' 일상의 고

뇌를 마다하지 않겠다는 자세를 견지했다. 다음은 《시경 (詩經)》의 한 구절이다.

"전전긍긍(戰戰兢兢), 마치 깊은 물웅덩이에 가 있는 듯하며, 살얼음 위를 걷는 듯하다."

과연 인생이란 그런 것이다. 의로운 욕망, 내 그릇에 맞는 욕망을 품고 정진하는 것이 내 인생을 살아가는 방법 중 하나다. 더 바라지도 않고 기본적인 욕망만 채워지면 좋겠는데 곳곳에 물웅덩이가 있고, 살얼음 위를 걸으니 불안하기만 하다. 그래서 더더욱 마음을 다스리는 공부를 해야만 한다. 걸음을 멈출 수는 없으니까 말이다.

●
사람다움에
이르는 길

직장 생활을 하다 보면 '내가 잘났다'며, '내 말을 무조건 따르라'고 고집을 부리는 선배들을 종종 볼 수 있다. 주변을 불편하게 만드는 사람들이다. 나아가 사리사욕에 눈이 멀어 옳지 않은 행동까지 범하기도 한다.

공자에게는 본래 다음의 네 가지가 없었다. 사사로운 뜻이 없었고, 반드시라는 게 없었으며, 막무가내의 고집이 없었다. 그리고 자신만 잘났다는 생각이 없었다.

그는 완고하고 답답한 엄숙주의자가 아니었다. 항상 모든 상황을 세심하게 고려해 유연하게 행동했기 때문에 맹자는 그를 두고 '시의(時宜)에 따라 행동하는 성인'이라 칭했다.

공자는 무욕(無慾)을 권장하지 않고 방종과 억제 사이에서 균형을 잘 잡으라고 가르쳤다. 그렇다면 평범한 사람들의 욕망을 이해하고, 유연한 삶의 태도를 견지하며, 진지하고 성실하게 살아간 공자가 말하는 '사람다움에 이르는 길'이란 구체적으로 무엇일까?

공자가 제자 증삼에게 말했다. "증삼아, 나의 도는 하나로 관통된다." 증자가 대답했다. "예, 그렇습니다."

공자가 밖으로 나가자 같이 공부하는 사람들이 물었다. "무슨 뜻이야?" 증자가 말했다. "선생님의 도는 충(忠)과 서(恕)일 따름이란 뜻이지."

《논어》 '이인 편'에 나오는 이야기다. 공자의 사상은 '충성하다[忠]'와 '용서하다[恕]'로 압축되는데, 이 두 가지 덕목의 다른 말이 곧 진실과 관용이다. 공자는 이 두 가지 덕목을 두고 평생 행해야 할 가치가 있다고 했으며, 잘 실천해야 사람다움을 뜻하는 '인(仁)'에 다다를 수 있다고 했다.

먼저 충이라는 글자를 풀이해보면 '가운데 중(中)'과 '마음 심(心)'으로 이루어져 있다. 문자 그대로 반듯한 자기 수양과 자아 성찰이다. 마음을 집중해 진실에 다다르기 위해 몸과 마음을 다하는 것이다.

자신에게 부끄럽지 않도록 끝까지 성실한 것을 말하는데 이는 곧 '신독(愼獨)'의 자세이기도 하다. 신독이란 홀로 있을 때에도 도리에 어긋나는 일을 하지 않는 것이다.

충은 사람마다 주체성을 갖자는 뜻이기도 하다. 정말로 스스로 안을 살펴 부끄러움이 없다면 근심하거나 두려워할 게 있겠는가. 이런 당당한 주체성은 누구나 작정하고 수양만 하면 도달할 수 있는 경지다. 그런 뜻에서 공자는 "한 나라 군대의 대장을 빼앗을 수는 있지만, 일

개 필부의 뜻을 빼앗을 수 없다"라고 말하기도 했다.

공자는 충과 서를 가장 중요시했지만 그중에서도 하나만 고른다면 그것은 '서'라고 했다. 건강한 사회의 일원으로 사람다움을 유지하며 사는 최소한의 요건으로 서라는 도덕을 제시한 것이다. 또한 서를 정의로움에 비견한 것은 정의로움이 다른 사람을 공정하게 대우하고 각자의 몫을 존중해주는 것이기 때문이다.

이러한 충과 서가 없는 사람은 공동체의 일원으로서 화합할 수가 없다. 건강한 사회란 구성원들끼리 서로에게 연민을 갖고 역지사지하는 사회다. 서로 배려하고 사양하는 것이 진정한 공동체다. 원래 '인간(人間)'이라는 말 자체가 사람은 서로 의존하고 이해하며 사는 사회적 존재라는 뜻이다.

충과 서는 결코 별개의 덕목이 아니다. 하나의 이치로 맥락이 연결되어 있다. 서의 마음을 갖기 위해서는 자기 수양을 통한 충이 선행되어야 한다. 충이 자신을 먼저 도덕적으로 완성시켜가는 수기(修己)라고 한다면, 서는 수기를 기반으로 남에게 뭔가 유익한 것을 베푸는 치인(治

人)이라 할 수 있다.

그런가 하면 순서를 바꿔 남에게 무언가 제대로 된 것을 베풀려면 먼저 자신이 충실해야 한다는 뜻도 된다. '먼저 자신을 수양한 뒤 나아가 세상을 이롭게 한다'는 뜻의 수기치인(修己治人)은 이렇게 충과 서를 통해 완성된다.

충과 서가 상호 연관되어 반복되는 일련의 과정이 바로 사람다움 즉, '인(仁)'에 이르는 길이다. 공자는 '인'을 특별히 강조했는데《논어》498개 장의 10분의 1이 넘는 50여 개 장에서 언급할 정도로 중요시했다. 심지어 살신성인(殺身成仁)이라 하여 목숨을 버리면서까지 달성하고자 하는, 그럴 가치가 있는 최고의 덕목이 바로 인이라고 했다.

●
내가 바뀌면
남도 바꿀 수 있다

"만약 백성들에게 널리 베풀고 백성들의 생활이 나아지

게 도와줄 수 있다면 어떻습니까? 인이라고 할 수 있나요?"라는 제자의 질문에 공자는 "어찌 인이라고만 하겠나. 그것은 반드시 성(聖)이라고 해야겠지. (성왕으로 추앙받는) 요 임금이나 순 임금도 그렇게 하기 어려워 고민했다. 무릇 인이란 자기가 서고 싶으면 다른 사람도 서게 해주고 자기가 통달하려면 다른 사람도 통달하게 해줘야 하는 것이다. 눈앞에 가까이 있는 사실을 예로 택해서 하나씩 해나갈 수 있다면 인의 길, 곧 사람다움의 길에 들었다고 말할 수 있을 것이다"라고 대답했다.

'인'은 사람 인(人)과 두 이(二)로 구성되어 있다. 사람이 둘이라는 얘기는 공동체를 뜻하고, 그 안에서 인이 완성된다는 것이다. 개인이 혼자 애쓴다고 해서 이룰 수 있는 것이 아니다. 남을 생각하는 마음이 있어야 가능하지, 천상천하 유아독존의 독불장군이 다다를 수 있는 경지가 아니다.

또한 사람다움의 인은 사회생활에서 상호관계를 통해서만 제대로 이룰 수 있다. 이때 사람다움이란 개체로서 사람이 아니라 관계로서 사람을 전제로 한다. 여기서 사람은 근대 서양사상에서 말하는 '모든 속박으로부터 자유로운 절대 개인'에서 출발하는 것이 아니고, 이런저런 '인연으로 얽힌 관계론적 인간관'에서 비롯된다. 그래서 공자는 "마을 인심이 어진 것이 아름답다. 어진 마을을 잘 골라서 살지 못하면 어찌 지혜롭다 할 수 있겠는가?"라고 말하기도 했다.

인은 가까운 데서 시작할 수 있는 작업이다. 대단한 성인 반열에 오른 사람만이 하는 대단한 경지의 일이 아니고 일상에서 얼마든지 해낼 수 있다.

예를 들면 이런저런 인연으로 얽힌 구성원들이 역지사지의 마음을 갖는다면 층간소음이나 주차문제로 허구한 날 서로 미워하며 다투는 동네가 서로 배려하고 사양하는 공동체 마을이 될 수 있다.

우리는 폐지를 팔거나 막노동으로 근근이 생계를 유지하면서도 더 어려운 사람을 돕는 사람들에 관한 뉴스를 심심치 않게 접한다. 평생 김밥을 팔아서 번 돈을 자식에게 물려주지 않고 학교에 기부하는 사람도 있다. 그들이야말로 온몸으로 사랑을 실천하고 있는 인자(仁者)다.

도움을 받아도 전혀 이상할 것이 없는 처지이면서도 오히려 자신보다 더 어려운 사람을 생각하는 역지사지의 태도를 취한 사람들이다. 남을 이해하고 사랑하는 관용과 배려, 즉 '서'를 베풀었던 것이다. 이 정의로운 '서'는 다시 성실한 '충'으로 이어지는 선순환의 구조를 만들어내면서 우리들에게 좋은 바이러스를 퍼트리고 있다.

충과 서의 두 바퀴로 달리는 순환열차의 특징은 운행을 거듭할수록 점차 가속도가 붙고, 견고해지면서 더 멀리 더 많이 바이러스를 퍼트린다는 것이다. 그리하여 서로가 서로를 돕는 인간관계를 만들어낸다는 특징이 있다. 나 자신을 사랑하는 것에서부터 시작된 행복 바이러스가 '인'이 넘치는 세상을 만들어나가게 된다.

이처럼 '인'이란 자신이 서고 싶으면 다른 사람도 서게 해주고, 자신이 통달하려면 다른 사람도 통달하게 해주는 공동체 의식을 말한다. 그 기저에는 다분히 인연의 관계론이 깔려 있다.

그렇기 때문에 제대로 된 사람은 자신의 도덕적 수양과 완성에 그치지 않고 그 훈훈한 인품과 소양이 남에게

영향을 끼쳐 더불어 잘되게 한다는 것이 공자의 생각이
었다.

내가 바뀌면 남도 바꿀 수 있다는 행복 바이러스인 것
이다. 그 남이 더 많은 또 다른 남을 바꾸게 될 것임은 두
말 할 나위가 없겠다. 그것이 바로 일상생활에서 가능한
충과 서의 실천이다.

2장

삶에 격을
더하는 공부

말을 알지 못하면
사람을 알지 못한다

말이 앞서는 사람들의 특징 중 하나가 뒤에 무수한 내 편
이 있다며 큰소리치고 허세를 부린다는 점이다. 화려한
말로 치장하고 간사한 표정으로 얼굴색을 꾸미는 교언영
색(巧言令色)을 일삼는다. 하지만 어느 날 덜컥 문제가 생
기면 혼자 정의로운 척 떠들던 목소리는 일순간 잦아든
다. 전혀 그럴 줄 몰랐다며 시치미를 떼고 거칠게 남 탓
만 한다. 반성할 줄도 모르고 재수가 없었다며 운을 탓하
기만 할 뿐이다.

　"대개 자신도 잘 모르면서 무엇을 만들어내는 사람이
있는데 내게 그런 잘못은 없다. 많이 듣고 그중에 잘된

것을 선택해서 받아들이고, 많이 보고 그중에 잘된 것을 마음에 둔다."

공자의 이 말은 지금도 매우 유효적절하다. 세상에 말이 부족했던 적은 일찍이 없었다. 그런데도 무언가 말 같지 않은 말들이 꾸역꾸역 쌓여간다. 자신도 제대로 모르면서 말을 만들어내는 사람들 때문이다. 모르면 공부를 해서라도 알아야 하는데 이를 또 게을리 한다.

《논어》의 마지막 구절은 다음과 같은 '삼부지(三不知)'로 끝맺고 있다. "천명을 알지 못하면 군자가 될 수 없고[不知命 無以爲君子也], 예를 알지 못하면 세상에 당당히 설 수 없으며[不知禮 無以立也], 말을 알지 못하면 사람을 알 수 없다[不知言 無以知人也]."

《논어》의 첫 구절은 공부[學]하라는 교훈으로 시작하고, 끝 구절은 알지 못하면[不知] 일을 그르치게 되니 알기 위해 노력하라는 경계로 끝맺는다. 그중에서도 가장 마지막에 강조한 것이 말의 중요성이었다.

공자는 '말'에 대해 아주 깊이 고뇌했고, 유난히 경계했다. 우선 언어생활에 있어 비루하고 이치에 어긋나는 말을 멀리하라고 했고, 옛 사람들이 말을 함부로 입 밖에 내지 않았던 것은 행동이 미처 말을 따라가지 못할까 부끄러워했기 때문이라고 했다. 말하고자 하는 바를 먼저 실천한 뒤에 행함에 따라 말해야 한다고도 했다.

또한 군자라면 행동은 재빨라야 하지만 말은 어눌할수록 좋으니 노력하라고 했으며, 맡은 일은 부지런히 하되 말은 신중하게 해야 한다고도 했다. 말 네 필이 끄는 마차로도 한번 뱉은 말은 따라잡을 수 없는 법이니, 말은 조심하고 또 조심해도 여전히 조심스러운 것이다.

덕을 가진 사람은 좋은 말을 하게 되지만, 좋은 말을 하는 사람이 반드시 덕을 갖춘 사람은 아니라고도 했다. 다른 사람이 말하는 의도를 잘 파악하며 안색의 변화를 잘 헤아리는 것이 바로 '통달'이라고 했다.

"더불어 말할 만한데도 말을 하지 않으면 사람을 잃는다. 더불어 말할 만하지 않은데도 말을 하면 말을 잃는다. 지혜로운 사람은 사람도 잃지 않고 말도 잃지 않는다[可與言而不與之言, 失人. 不可與言而與之言, 失言. 知者, 不失人, 亦不失言.]"고 하여 사람과 말의 관계를 선명하게 정리했다.

또한 "물방울이 스며들듯 파고드는 참소와 피부에 와 닿는 절박한 하소연(무고)도 너에게 통하지 않는다면 밝다고 할 수 있다. 물방울이 스며들듯 파고드는 참소와 피부에 와 닿는 절박한 하소연도 너에게 통하지 않는다면 멀리 내다보는 안목을 지녔다고 할 수 있다[浸潤之譖, 膚受之愬, 不行焉, 可謂明也已矣. 浸潤之譖, 膚受之愬, 不行焉, 可謂遠也已矣.]"라고 하여 상대가 말하는 동기와 의도까지 파악하는 밝은 안목을 중시했다.

공자는 우리가 흔히 생각하는 것처럼 그리 화려한 언변의 소유자가 아니었다. 그의 언어에는 깊은 고뇌에서 나오는 울림과 감동이 있지만 번뜩이는 수사학은 없었다. 그의 말은 고상한 간결체이지 장황한 만연체가 아니었다. 그러니 세 치 혀만으로 천하의 질서를 바꾼 종횡가들처럼 유세하고 다닐 수도 없었다.

"축타와 같은 말재주와 송조와 같은 미모가 아니라면 요즘 같은 세상에서는 화를 면하기 어려울 것"이라고 말하면서 미모나 언변으로 출세하는 당시의 세태를 한탄하기도 했다.

축타는 당대 최고의 언변가였고, 송조는 당대 최고의 미남이었다. 이 말은 말재주와 미모가 보신출세의 결정적인 도구가 될 정도로 세상이 험악하다는 뜻이지만, 겉으로 보이는 화려함만이 주목받는 천박한 세태를 한탄하는 뜻도 담고 있었다. 예나 지금이나 비전문가는 화려한 외양을 중시하고, 전문가는 거칠더라도 핵심을 중시하는 것에는 변함이 없다.

그래서 공자는 말만 번지르르하게 하는 '교언'과 간사한 표정으로 얼굴색을 위선적으로 꾸미는 '영색'이 진정한 어짊과는 거리가 먼 것이라며 혐오했다. 겉으로 드러난 말과 표정이 성실하지 않고 보여주기 위해 꾸미기만 한 사람도 있으니 경계하라고 강조한 것이다.

사실 사람이 살 만한 세상에서는 말이 재빠르지 못하고 오히려 좀 어눌하더라도 품성이 좋은 사람, 얼굴이 깎아놓은 밤톨처럼 생기지는 못했더라도 마음이 깎아놓은 듯 단단하고 반듯한 사람이 대우받을 수 있을 텐데 난세에는 그렇지 못했던 것이다. 지금도 별반 달라진 것 같지 않으니 안타까운 일이 아닐 수 없다.

사부주피 射不主皮

과녁 뚫기가 활쏘기의
전부는 아니다

직장인에게 필요한 것 중 하나는 자신을 위한 시간을 갖는 일이다. 취미생활을 하면서 에너지를 충전하는 시간, 사색하면서 자신을 돌아보는 시간이 절대적으로 필요하다. 열심히 일한 자신에게 주는 선물인 것이다.

공자는 다음과 같이 취미생활을 강조한 바 있다.

"배불리 먹고서 하루 종일 마음 쓰는 데가 없다면 곤란하다. 주사위 던지기나 바둑도 있지 않은가. 그런 놀이라도 하는 것이 빈둥거리는 것보다는 낫다."

아무 일도 하지 않는 것보다 바둑 같은 취미생활이라도 하라고 한 것이지 오락을 폄하하는 의미는 절대 아니었다. 그 자신도 음악 감상, 악기 연주, 술 마시고 노래하기, 낚시 등에 이르기까지 다양한 취미활동을 하며 삶을 충분히 즐겼다. 또한 이런 말도 했다.

"군자는 다투지 않지만 활쏘기만은 반드시 다툰다. 서

로 읍하고 활을 쏜 다음 내려와서는 술을 마신다. 그 다툼은 군자다운 것이다."

당시 귀족들의 취미였던 활쏘기를 상찬한 말이다. 활쏘기 같은 취미라면 내기를 하고 경쟁을 해도 좋다고 할 정도로 높이 평가했던 것이다. 물론 활쏘기는 역동적이고 고상한 취미지만 공자는 이런 말을 하면서 시세의 변화를 한탄하기도 했다.

"옛날에 활쏘기를 가죽의 과녁 뚫기 위주로 하지 않은 것은 활 쏘는 사람 각자의 힘이 똑같지 않다는 사실을 인정했기 때문이다. 이것이 옛날 활쏘기의 도(규칙)였는데, 지금은 다 지난 시절의 얘기가 되고 말았구나."

과거에는 과녁을 뚫느냐 아니냐의 여부보다는 과녁의 한가운데인 정곡을 정확히 맞히느냐가 중요했다. 아니, 활쏘기를 통해 몸가짐과 예법 절차, 심신단련을 더 중요시했다. 과녁을 지나치는 것을 과(過)라고 했고, 힘이 없어 과녁 근처에도 못 가고 땅에 떨어지는 것을 불급(不及)이라 했다.

그런데 세월이 험악해지면서 힘자랑만 하다 보니 마

음가짐이나 정확도보다는 과녁을 뚫었느냐 아니냐만 따지게 된 것이다. 그래서 공자는 낭만적인 재미와 예를 추구하던 취미가 승패 가리기로 변질되어버린 것을 한탄했다.

●
석 잔은 적고 다섯 잔은 적당하며 일곱 잔은 지나치다

공자도 나름대로 주당이었다. 끝도 없이 마셨지만 그렇다고 정신없이 취할 정도로 마시지는 않았다고 한다.

공자가 "밖에 나가면 공경을 섬기고, 집에 와서는 부형을 잘 모시며, 상을 당하면 충분히 애를 쓰고, 술로 인해 곤란을 겪지 않는다. 이 가운데 내가 잘하는 게 무엇일까?"라고 스스로 술회한 것을 보면, 정신없이 취하거나 술주정을 부리지는 않았지만 아슬아슬하게 술에 꺾일 지경까지 간 경우는 종종 있었던 게 아닌가 싶다.

무한대의 주량과 단단한 예로 다듬어진 공자도 휘둘리

기 직전까지 간 것을 보면 술은 두려운 외물(外物)이다. 옛 선현들은 술이라는 외물에 몸과 마음이 손상되지 않게끔 경계하라는 뜻으로 물 수(水)에 닭 유(酉)자를 더해 술 주(酒)자를 만들었다. 닭이 물을 마시듯 조금씩 음미하며 술을 마시라는 의미였다.

그래서 나온 말이 일불(一不), 삼소(三少), 오의(五宜), 칠과(七過)다. 한 잔은 간에 기별도 안 가니 너무하고, 석 잔은 적은 듯하고, 다섯 잔은 적당하며, 일곱 잔은 지나치다는 말이다.

술 나름이고, 잔의 크기 나름이며, 사람 나름이겠지만 술만큼 과유불급인 것은 없으니 새겨들을 말이다. 술이 아무리 백약지장(百藥之長)이고 지혜를 주는 반야탕(般若湯)●이라 하더라도 거기에 목숨을 걸 일은 아닌 것이다.

30대가 아직 젊다며 두주불사하는 것은 회사 일도 그르

● 음주가 불가한 승려들끼리 술을 일컫는 은어. '반야'는 범어(梵語) 'Prajna'의 의역으로 지혜라는 뜻이다. 곧 술을 지혜의 물이라 했던 것이다.

치고 가정과 건강도 해치는 위험한 습관이다. 술을 맛있고 멋있게 마시기 위해서는 한도를 지켜야 한다. 타인에 대한 배려와 자기 성찰이 있는 술자리를 만들기 바란다. 그런 사람이 진정 술을 즐기는 주당이다. 술이 무엇인지 알고, 좋아하는 단계를 지나 즐길 줄 아는 단계 말이다.

●
삶에 자유로움을 선물하는 다섯 가지 즐거움

공자는 "나는 시(詩)에서 일어나 예(禮)에 서고, 악(樂)에서 완성한다"고 했다. 또한 "나는 예(藝)에 노닐고 싶다"고도 했다. 이 말을 종합하면 공자가 뜻하는 정신적 거인은 예(禮)와 예(藝)에 두루 통달한 사람이다.

예(禮)는 더불어 살기의 규범이다. 개인의 잘 다듬어진 태도이고, 개인들 사이의 사회적 관계를 적절히 단속하는 평형 바퀴다. 그리고 예(藝)는 예술과 문화를 말한다. 시와 악을 통해 문화적 소양을 갖추는 것을 뜻한다. 한편 여기서 말하는 시는 문학 장르로서 시만 뜻하는 것이 아니라 문화적 기록과 축적 일반을 뜻한다.

악 역시 단순히 음악 감상과 악기 연주만을 의미하는 게 아니다. 악이란 바깥의 규범이 안의 유쾌함과 만족감으로 전환되는 것이다. 예술과 문화에 내포된 자유주의적이고 개인주의적인 정신을 체감하면서 삶이 성숙되어 가는 것이다.

"예(禮), 예 하는데 그것이 어찌 그냥 옥이나 비단 같은 (예법을 행하기 위한) 예물만을 말하는 것이겠느냐. 악(樂), 악 하는데 그것이 어찌 (음악을 연주하기 위한) 종이나 북 같은 악기만을 말하는 것이겠느냐."

이러한 예(禮)와 예(藝)에 두루 익숙한 사람이야말로 성숙한 사람이다. 안팎이 모두 잘 다듬어진 품위 있는 사람이다. 인생을 넉넉하게 즐길 줄 아는 큰 자유인인 것이다. 공자도 노래를 즐겨 불렀다. 잘 부르는 사람이 있으면 꼭 한 번 더 하게 했고 자신도 화답했다. 이른바 앙코르와 화답의 멋스러움을 알았던 것이다.

하루는 제자 넷이 공자를 모시고 이런저런 대화를 나

누는 자리가 있었다. 공자가 "내가 너희보다 나이가 좀 많다고 어렵게 생각하지 마라. 너희들은 평소 '나를 알아주지 않는다'고 하는데, 만약 누군가가 알아준다면 어떻게 하겠느냐?"고 물었다.

제자 중에 가장 연장인 데다 성격 급한 자로가 망설임 없이 정치적 포부를 밝히는 것을 필두로 염유와 공서화가 뒤를 이어 답을 했다. 마지막으로 증석 차례가 되었는데 망설이며 머뭇거리자 공자가 거리낄 게 뭐냐며 재촉했다. 이에 증석은 타고 있던 비파로 끝부분을 연주하고 나서 '짜자잔' 하고 줄을 한번 훑은 다음 비파를 내려놓았다. 그러고는 "저는 늦은 봄 봄옷을 차려 입고 어른 대여섯 어린아이 예닐곱과 함께 기수(沂水)에 가서 목욕하고 무우대(舞雩臺)●에서 바람 쐬고 노래나 부르다 돌아왔으면 합니다"라고 답했다.

● 노나라에서 하늘에 제사를 지내고 비를 기원하던 곳으로 곡부성 남쪽에 자리 잡고 있으며 '무대'라고도 한다. 기수는 온천물이 흘러들어와 늦은 봄에도 목욕을 할 수 있다. 증석이 말한 '기수에서 목욕하고 무대에서 바람을 맞는 것'을 욕기지락(浴沂之樂) 혹은 욕기풍무우(浴沂風舞雩)라고 한다.

공자가 길게 숨을 내쉬더니 감탄하며 "나는 증석과 함께하련다"라고 말했다. 공자는 이렇듯 일상의 즐거움을 즐겼다. 강가에서 목욕하고 바람 쐬고 노래하는 취미를 즐기는 공자의 인간적인 모습이 선연하다. 예나 지금이나 시간은 잘 활용하는 사람의 것이다.

끝으로 즐거움을 얻지 못하면 그것은 진정한 취미가 아니다. 자유롭게 할 수 있는 것이 아니라면 이 또한 취미가 아니다. 삶에 자유로움을 선사하는 다섯 가지 즐거움[人生五樂]은 목락(目樂), 구락(口樂), 이락(耳樂), 신락(身樂), 심락(心樂)이다.

우선 여행지에서 좋은 경치를 즐기고, 좋은 글과 그림을 보면 눈이 즐겁다. 좋은 말, 즐거운 말, 감사의 말을 하면 입이 즐겁다. 좋은 곳에 가서 음악이나 새소리 등의 아름다운 소리를 들으면 귀가 즐겁다. 시간을 쪼개 취미생활이나 운동을 하면 몸이 즐겁다. 그리고 불우이웃 돕기, 자원봉사 등 따뜻한 경험을 하면 마음이 즐거워진다.

●

즐기는 사람은
이길 수 없다

사람이 성숙해가는 순서는 아는 단계, 좋아하는 단계, 마지막으로 즐기는 단계다. 즐기는 단계에 이르면 진정한 삶의 자유를 얻을 수 있다.

　공자는 "아는 것[知]은 좋아하는 것[好]만 못하고, 좋아하는 것은 즐기는 것[樂]만 못하다"고 했다. 이것이 《논어》 '옹야 편'에 나오는 그 유명한 '지지자 불여호지자, 호지자 불여락지자(知之者 不如好之者, 好之者 不如樂之者)'의 교훈이다. 결국 일을 즐기는 사람이 일을 좋아하는 사람, 일을 아는 사람을 이긴다는 것이다. 거꾸로 설명해도 좋다. 알아야 좋아할 수 있고, 좋아해야 즐길 수 있다.

　회사 일도 마찬가지다. 업무를 꿰뚫고 있어야 좋아할 수 있고, 좋아해야 잘할 수 있다. 그래야 인정받고 원하는 승진도 할 수 있으니 제대로 된 업무 파악이 무엇보다 중요하다 하겠다. 공자가 말했던 일이관지(一以貫之)처럼 일을 처음부터 끝까지 하나로 꿰뚫고 있어야 인정받는 사람이 될 것이다.

또한 공자는 "지혜로운 사람은 물을 좋아하고, 어진 사람은 산을 좋아한다. 지혜로운 사람은 움직이는 것을 좋아하고, 어진 사람은 고요하게 있기를 좋아한다. 지혜로운 사람은 즐기며 살고, 어진 사람은 오래 산다"고 했다.

이 '지자요수인자요산(智者樂水仁者樂山)'이라는 말은 워낙 간결하고 함축적이어서 지금까지 다양한 해석이 전해지고 있다. 이를테면 주자는 "지혜로운 사람은 두루 막힘이 없어 물과 비슷하다. 어진 사람은 중후하여 움직임이 적으니 산과 비슷하다"고 해석했고, 다산 정약용은 "물은 순리대로 흐르고, 산은 후한 덕으로 만물에 혜택을 준다"고 했다.

퇴계 이황은 "요산과 요수의 즐거움을 이해하려면 지자와 인자의 기상과 마음가짐에서 답을 구해야 한다. 지자와 인자의 마음 깊은 곳에 지와 인의 씨앗이 들어 있다. 그 씨앗이 발아하여 마음 전체에 퍼지고 나아가 밖으로 표출되면 산과 물을 즐기는 것으로 드러난다"고 해석한 바 있다.

지혜로운 사람은 사리에 통달하게 돼 막힘이 없으니 움직임이 좋을 수밖에 없다. 그들은 매사 즐기는 자세로 산다. 또한 어진 사람은 의리를 편하게 지키니 느긋하고 여유가 있을 수밖에 없다. 매사 고요하니 육체적 수명도 길다.

역시 핵심 포인트는 깊은 수양의 결과로 얻은 정신적 편안함에 있다고 할 수 있다. 정신적 편안함이 바로 즐김의 단계고 진정한 의미의 큰 자유다.

●

학이시습지 불역열호 學而時習之 不亦說好

삶의 향기와 윤기를 만드는 시간

우리 사회의 허리를 차지하고 있는 30대 얘기를 좀 해보자. 30대는 삶의 향기와 윤기가 만들어지는 시기다. 일에 몰두해 그 분야의 전문가로 성장하고, 크고 작은 성취들이 쌓여가는 때다. 하지만 아직 멋이 덜 든 나이기도 하다.

일 외에 문화적 소양이 더해져야 비로소 품격과 멋이 붙는다. 마흔이 돼야 남자는 용이 되고, 여자는 꽃이 되는 법이라고 하는데 그런 멋이 들려면 30대의 터널을 지나는 동안 문화적 소양을 잘 쌓아야 한다. 그렇지 않으면 평소 자주 흉보던 중년의 아저씨, 아줌마가 되고 말 것이다. 책 한 권이라도 더 읽고 사색하면서 자신을 가꿔야 한다. 공자가 가장 중요시한 것이 바로 공부였다.

공자의 가르침을 집대성한 《논어》 498개 장의 첫 구절이라면 얼마나 엄선된 것이겠는가. 그 첫 구절이 바로 '학이시습지 불역열호(學而時習之 不亦說好)'다. "배우고 때맞춰 익히면 또한 기쁘지 않겠는가"라고 할 때 배우고 익혀야 할 그때가 바로 후반전을 준비하는 30대다. 다시 처음인 것처럼 공부해야 할 때다.

나이를 먹으면 자연스럽게 붙는 호칭이지만 아저씨라고 다 같은 아저씨가 아니고, 아줌마라고 다 같은 아줌마가 아니다. 그동안 쌓아온 실력에 따라 각기 다른 향기가 있다. 몸 전체에서 풍겨 나오는 품격은 오랜 기간 숙성되어야만 저절로 배어난다.

성숙한 사람, 큰 자유인, 교양과 여유로 편안한 느낌을 주는 사람을 진정한 문화인이라 할 수 있다. 겉멋과 속 깊은 멋의 차이는 절대 숨길 수가 없다. 얄팍한 흉내인지 아니면 내실을 갖췄는지 결국 드러나게 마련이다.

마흔이 넘으면 살아온 흔적도 얼굴에 고스란히 드러난다. 흔히 자신의 얼굴에 책임을 진다는 나이, 40대는 그냥 만들어지는 것이 아니다. 염색과 성형으로 감춰지는 성질의 것이 아니기에 그 얼굴을 20~30대부터 준비해야 한다. 공자가 말한 후생가외(後生可畏)가 바로 이런 맥락이다.

"뒤에 태어난 사람들을 두려워할 만하다. 하지만 그들이 제대로 자신을 가꾸지 않아 마흔 살, 쉰 살이 되어도 세상에 이름이 나지 않으면 두려워할 것 없다."

3장

나만의
길을 가라

●
거창한 도가
사람을 구원해주지 않는다

"인을 좋아하면서도 배우기를 좋아하지 않으면 그 병폐는 어리석음[愚]이다. 지혜[知]를 좋아하면서도 배우기를 좋아하지 않으면 그 병폐는 기초가 흔들려 지켜지지 않음[蕩]이다. 믿음[信]을 좋아하면서도 배우기를 좋아하지 않으면 그 병폐는 쉽게 속아 넘어가 스스로를 해치게 됨[賊]이다. 정직[直]을 좋아하면서도 배우기를 좋아하지 않으면 그 병폐는 각박해서 남을 아프게 하게 됨[絞]이다. 용기[勇]를 좋아하면서도 배우기를 좋아하지 않으면 그 병폐는 분란을 일으켜 화를 자초하게 됨[亂]이다. 강함[剛]을 좋아하면서도 배우기를 좋아하지 않으면 그 병폐는 절제 없이 함부로 행동하게 됨[狂]이다."

세상에 좋은 말은 많이 있지만, 그것이 있다는 것을 알기만 할 뿐 진지하게 배우지 않으면 소용이 없다는 뜻이다. 그리고 알기만 하고 실천하지 않으면 이 또한 무용지물이라는 뜻이다. 실천해야 진정한 지식이 된다. 그게 군자가 가야 할 길이다.

공자는 또한 "사람이 도를 만드는 것이지, 도가 사람을 만드는 것은 아니다[人能弘道 非道弘人]"라고 했다. 사람이 진리를 발견하고 실천할 때 그것이 비로소 도가 되는 것이지, 거창한 도가 사람을 구원해주는 것은 아니라는 뜻이었다.

●
내면의 소리를
들어라

실천적 삶을 살아야 하는 때가 따로 정해져 있는 것은 아니다. 학문에 뜻을 세우는 열다섯[志于學]에도, 인격적 자립을 확보하고 전문성을 갖춰 경제적 독립을 이뤄야 하는 서른[三十而立]에도, 유혹에 흔들리지 않아야 하는 마흔[不惑]에도, 하늘의 뜻을 알게 된다는 쉰[知天命]에도, 무슨 말이든 다 들어줄 수 있게 되는 예순[耳順]에도, 마음이 하자는 대로 해도 경우에 어긋나지 않게 되는 일흔[從心所慾不踰矩]에도 실천적 삶의 길을 걸어가야 한다.

미지의 길을 걸어갈 때 가장 중요한 핵심은 자신을 믿는 것이다. 자기 내면의 소리를 들어야 한다. '누가 뭐라고 하건 나에겐 마땅히 가야만 하는 나의 길이 있다. 포기하지 않고 그 길을 걷다 보면 틀림없이 좋은 결과가 있을 것이다. 나는 그 길을 끝까지 종주할 능력이 있으며 결코 포기하지 않을 것이다. 그것이 나다운 것'이라는 믿음이 무엇보다 중요하다. 그것이 바로 자신감이고 긍정의 힘이다.

나의 길을 가는 사람은 도덕적으로 자립한 사람, 즉 인격적으로 자기 자리를 잡아가는 사람이다. 이런 사람들의 특징은 자신을 관리하려고 노력하기 때문에 직업, 지위,

대우 등 외형적인 것보다는 자기충실을 더 중요시한다.

또한 남들이 알아주지 않아도 화내지 않으면서 자신의 길을 걸어간다. 타인의 말에 휘둘리지 않고, 타인의 시선에 주눅 들지도 않는다. 오히려 혼자서 자기 내면을 들여다보기에 더 신경을 쓴다. 앞서 '충'에서 설명한 신독이 몸에 밴 사람들이기 때문이다. 신독이란 매사 신중하게 시작하라는 뜻의 '신시(愼始)', 사소한 일도 신중하게 처리하라는 뜻의 '신미(愼微)'와 함께 삼신(三愼), 즉 세 가지 신중함이다.

그런 길을 걷다 보면 생각이 비슷한 동지를 만나기도 하고, 삶의 방식이 비슷한 사람을 만나 평생 동행하기도 할 것이다. 그 반대의 사람을 만나 힘들기도 할 것이다. 유혹에 빠져 마음이 흔들리거나 뒤를 돌아보기도 할 것이다. 지쳐서 포기하고 싶은 마음이 들기도 할 것이다. 갈림길에서 정답을 찾지 못해 멈춰 서거나 걸림돌에 걸려 넘어지기도 할 것이다. 하지만 자신감이 넘치는 사람들에게는 그것이 쉼표일 뿐 절대 마침표가 되지는 않는다. 길은 길게 봐야 보인다. 자신감으로 무장한 채 묵묵히 무소의 뿔처럼 나만의 길을 가기 바란다.

하지만 우리 주변에는 확신 없이 사는 사람들이 적지 않다. 내가 걷고 있는 길이 나만의 길인지, 옳은 길인지 확신이 없기 때문에 일 욕심도 그다지 없다. 신명 나게 일하지 않으니 당연히 일 처리도 완벽하지 못하다. 일을 제대로 처리하지 못하니 직장 내 동료들과의 관계도 원활하지 않고, 심지어 후배에게 실력에서 밀리기도 한다.

그렇게 자의 반 타의 반 주류에서 한 발 뒤로 물러서게 된다. 그 결과 의기소침해지고 마음이 평안하지 못하니 천천히 시간을 갖고 자신의 내면을 바라볼 생각조차 하지 못한다.

그렇게 꿈도 희망도 없이 그저 하루가 어서 가기만 기다리는 악순환이 이어진다. 당신은 과연 어느 쪽인가? 가고 있는 길에 대한 확신이 있는가?

욕속부달 欲速不達

서두르면 오히려
이루지 못한다

재상이 된 제자 자하가 공자에게 정치에 대해 물었을 때 공자는 이렇게 대답했다. "급하게 성과를 얻으려고 서두르지 말고, 작은 이해관계에 연연하지 마라. 급하게 서두르면 오히려 성과를 얻기 어렵고, 작은 이해관계에 연연하면 결국 큰일을 이루지 못하게 된다."

현대인들을 괴롭히는 것 중 하나가 조급증과 작은 이해관계다. 성과를 내야 한다는 강박관념, 돈을 모아야 한다는 생각 때문에 마음이 급하다. 작은 돈에 눈이 멀어 성급한 결정을 내리기도 한다.

물론 당장 돈이 부족할 때는 단돈 10만 원도 엄청 커보일 수도 있다. 하지만 긴 인생에서 보면 아무것도 아니다. 단돈 10만 원 때문에 영혼까지 팔고 회사를 옮기는 성급한 결정을 내려서는 안 된다는 뜻이다. 돈을 따라 회사를 옮겼다가 그 이상의 손해를 볼 수 있다.

만일 꼭 이직해야 할 이유가 있거나 꼭 일해보고 싶은 회사가 있다면 10만 원을 덜 받고서라도 가야 한다. 30대는 그 무엇이건 새로 시작해도 결코 늦지 않은 나이이기 때문이다.

그러나 가만히 보면 조급증 환자들 중에는 '귀차니즘'을 신봉하면서 홧김에 행동하는 '불만족(族)'들이 꽤 많다. 이들의 특징은 내가 누구인지, 어디로 가고 있는지도 모른 채 의미 없이 출퇴근만 반복한다는 점이다. 그저 불만만 토로할 뿐 이를 개선하기 위한 실질적 행동은 거의 하지 않는다. 또 귀가 얇고 엉덩이가 가벼워 작은 유혹에도 쉽게 흔들린다. 불혹(不惑)과는 거리가 멀다.

귀가 얇은 사람은 그 입 또한 가랑잎처럼 가볍고, 귀가 두꺼운 사람은 그 입 또한 바위처럼 무거운 법이다. 적어도 30대는 그런 '불만족'이 되어서는 안 된다. 자질과 역량을 갖춰 스스로 만족할 수 있는 '대만족(族)'이 돼야 한다. 그렇게 40대를 맞이해야 한다.

"미래가 불안하죠. 언제까지 직장 생활을 할 수 있을지도 모르겠구요. 어쩔 수 없이 성급해집니다."

너무 조급해하지 말자. 급하게 서두르면 오히려 성과를 얻기 어렵다. 타인의 시선에 대한 두려움을 이기고 스스로에 대한 자신감만 있다면 나이는 정말이지 숫자에 불과하다. 우리가 알고 있는 위대한 스승들도 노년에 이르러서야 비로소 보람을 찾았다.

《삼국지》의 유비는 20대에 세상을 구하겠다고 나섰으나 오랫동안 송곳 하나 꽂을 만한 한 뼘의 땅도 없이 동가식서가숙하며 힘든 세월을 보냈다. 그러다 48세가 되어서야 기업(基業)을 세웠다. 천하의 율리우스 카이사르도 30대에 여러 관직을 거치다가 40대에 들어 7년 동안 갈리아 전쟁을 수행한 끝에 48세에야 비로소 집정관이 되어 명성과 권력을 갖게 되었다. 공자는 뜻을 펼치기 위해 54세에 주유천하에 나섰다.

공자는 실패를 예감하면서도 50이 넘은 나이에 기꺼이 마지막 승부수를 던지는 결단력을 보였다. 순수하고 심지가 굳은 큰 인간이었다. 그가 가졌던 큰 포부와 꺾이지 않는 기운, 남이 알아주는 것 따위는 신경 쓰지 않는 자신감, 그것이 바로 호연지기(浩然之氣)다.

일본의 시바타 도요 할머니가 첫 시집 《약해지지 마》를 출간한 것은 그녀의 나이 98세 때였다. 젊었을 때부터 계속해서 활동한 시인도 아니었다. 90세가 넘어서부터 시를 쓰기 시작했으며 모아두었던 장례비로 시집을 낸 것이다. 세계 최고령 등단이었다. 100세에는 두 번째 시집 《100세》도 발표했다. 이런 영향 때문이었을까?

71세 진효임 할머니는 나이 일흔에 동네 복지관에서 한글을 배우면서 쓴 3년치 일기를 묶어 시집을 냈다. 춘천 삼악산 자락에서 30년 동안 살고 있는 오금자 할머니는 93세에 첫 시집을 냈다. 누가 감히 돈과 명예와 나이를 기준으로 삼아 행복의 가치를 논할 수 있겠는가. 이들의 크고 너른 호연지기를 감히 평가나 할 수 있겠는가. 무언가를 도전함에 있어서 절대 나이를 핑계 삼지 말라는 살아 있는 교훈이다.

늦게라도 자신만의 그림을 그리는 사람들의 공통점은 꿈을 포기하지 않았다는 데에 있다. 다른 사람의 삶이 아닌 나만의 삶을 살면서 평생토록 호연지기를 키웠다는 공통점이 있다. 이들은 "내가 이 나이에 무슨 시를, 꼭 해야 할 일도 아닌데"가 아니라 "누구도 아닌 내 삶인데. 내가 하고 싶은 일이니까 더 늦기 전에 바로 지금"이라고 생각하면서 행동으로 옮겼다. 공자가 말하는 종오소호(從吾所好)가 바로 이것이다.

●

문질빈빈 文質彬彬

겉과 속이 한결같이 아름다운 사람

"배우고 때맞춰 익히면 또한 기쁘지 않겠는가. 벗이 멀리서 찾아주면 그 또한 즐겁지 않겠는가. 남들이 알아주지 않아도 화내지 않으면 그 또한 군자가 아니겠는가."

이것이 바로 《논어》의 첫 구절로서 기쁘고 즐겁게, 그리고 군자답게 살자는 뜻의 '열락군자론(說樂君子論)'이다. "군자란 날마다 진지한 자세로 삶의 도리를 배우고,

친구를 좋아하고, 남들이 뭐라고 하든 구애받지 않고 자기 잘난 맛에 사는 사람"이라는 뜻인가? 그렇다면 참으로 평범한 주문이다. 이 정도라면 군자 되기가 그다지 어려워 보이지 않는다. 세상에 웬만하면 군자밖에 없을 것 같다. 그런데 현실은 그렇지가 않다.

세상에는 99퍼센트의 소인과 1퍼센트의 군자만이 있다고 하면 너무 매정한 평가일까? 아무리 그래도 그렇지 세상에 군자가 10퍼센트도 안 될까? 스스로 군자연하는 사람까지 치면 족히 50퍼센트는 안 될까? 결론은 차차 내리도록 하고 일단 공자가 말한 군자의 모습부터 정리해보자. 그리고 그 기준을 자신에게 적용하면서 스스로를 냉정히 평가해보도록 하자.

"군자는 덕을 생각하고 소인은 땅을 생각한다."

"군자는 의에 밝고 소인은 이해관계에 밝다."

"군자는 남의 좋은 일을 이루어지게 해주고, 남의 나쁜 일은 이루어지지 않게 해준다. 소인은 그와 반대다."

거칠게 정의하자면 군자는 덕이 있는 사람이고, 소인은 그렇지 않은 사람이다. 여기서 말하는 덕이란 배려와 사양이다. 즉 남을 배려하고 겸손하게 사양할 줄 아는 사람은 군자이고, 자기 자신만 챙기는 사람은 소인이다.

소인들은 혼자서는 약하기 때문에 어떻게 해서든 편당(偏黨)이나 사당(私黨)을 지어 무리 속에서 안심하려고 든다. 두루 공정하게 대하지 못하고 사욕을 우선시한다. 물론 마음이 맞는 사람들끼리 모임을 갖는 것은 사회적 동물인 인간으로서 자연스러운 행동이지만 공당이냐 사당이냐에 따라 가치가 다르다.

모두 함께 잘되자는 것인지, 아니면 끼리끼리 배타적이익을 독점하기 위함인지로 모임의 가치가 판가름된다. 모이고 뭉치는 동기가 의로움인지 이해관계인지에 따라당의 성격이 달라진다는 것인데, 애초의 동기가 나쁘면결과도 당연히 나쁘게 마련이다.

끼리끼리 어울리는 일은 크게는 정치권의 인사부터 지연과 학연으로 이루어진 모임에 이르기까지 주변에 무수히 많다. 회사 내에도 이런 식으로 편을 가르는 사람들이적지 않다. 이는 정보를 얻어내고, 말을 전하면서 사욕을위해 이용하는 소인배의 전형적인 행동이다.

올바르게 살기 위해서는 두루 통하고 편협하지 않아야 한다. 무늬와 바탕이, 즉 형식과 내용이 적절하게 어우러진 예모와 실력을 두루 겸비한 사람이 되어야 한다. 이것이 바로 문질빈빈이다. 겉과 속이 한결같아야 한다는 뜻이다. 지금의 30대가 미래를 준비하기 위해 금과옥조로 삼아야 할 규칙이다. 그러나 어느 사회나 안팎이 꽉 찬 군자는 귀하고 어느 한쪽으로 치우친 소인은 많은 법이다.

그렇다면 우리 대부분의 소인들은 희망이 없다는 말인가? 아니다. 성급한 좌절은 금물이다. 소인도 소인 나름이다. 또한 군자가 엄청나게 대단한 인격체가 아니라는 점도 다행이라면 다행이다.

위대한 인물은 따로 성인(聖人)이라 부르니 군자를 대단한 사람이라고 지레 겁먹을 필요는 없다. 세계 4대 성인 또는 5대 성인이라고 하듯 성인의 경지에 오른 인물은 대단히 드물다. 그런 극소수를 제외하면 군자라고 특별히 훌륭하고, 소인이라고 특별히 나쁜 인간이라고 말할 수는 없다.

군자라는 경지가 아예 엄두도 못 낼 저 높은 곳은 아니지만 그렇다고 그저 그런 것도 아니다. 누구나 노력하면 도달할 수 있는 경지지만, 또 누구나 쉽게 도달할 수 있는 곳도 아니라는 얘기다.

"군자는 형벌을 염두에 두고 소인은 혜택받을 궁리를 한다."

"군자는 책임을 자신에게서 찾고, 소인은 남에게서 찾는다."

"군자는 실용적인 작은 지식은 없지만 큰일은 맡을 수 있다. 소인은 큰일은 맡을 수 없어도 실용적인 작은 지식은 가지고 있다."

"군자는 평탄하고 넓으며, 소인은 조급하고 걱정스러워한다."

역시 소인은 너무 작아 보이고 군자는 훤칠해 보인다. 하지만 그렇다고 해서 소인이 반드시 나쁜 사람이라는 뜻은 아니다. 소인이라고 해서 다 같은 소인이 아닌 것이다. 군자만 사람답게 대접받아야 한다는 뜻도 아니다.

세상은 군자와 소인이 어울려 사는 곳이며, 군자는 군자로서 역할이 있고, 소인은 소인으로서 역할이 있다. 그리고 결정적으로 세상에는 군자보다 소인이 압도적으로 많다.

보통 사람들은 멀리 있는 의로움보다 눈앞의 이해관계에 끌리기 마련이고, 남을 배려하기보다는 자신부터 챙기기에 바쁘다. 대부분이 그렇다. 잘되면 내 탓, 안되면 조상 탓 하며 사는 게 보통 사람이다. 없어도 있는 척하고 조금만 있어도 많은 척한다.

혹시라도 "나 잘났어요!"라고 하지 않으면 승진에서 누락이라도 되지 않을까 걱정하고, 실력도 없으면서 인정받을 요령만 찾는다. 또한 명품으로 자신을 과시하고 감투로 자신을 뽐내고 싶어 한다. 친구를 친구로 대하지 않고 이익이 되는 친구에게만 마음을 연다. 사람 사는 모습이 대부분 그렇게 소인의 모습이다.

사람의 욕구는 원래 한이 없다. 춥고 배고플 때는 일용할 양식이 급하지만 먹고사는 문제가 해결되면 자아실현을 원한다. 그다음에는 인정받고 싶어 하고, 남을 내 맘대로 부리고 싶어 한다. 끝으로 명예까지 원한다.

이렇게 욕구의 단계가 높아지는 것은 자연스런 현상이

자 본능이다. 그러므로 남이 나를 인정해주지 않는 것에 마음 다치지 않고 의연하기란 쉽지 않다. 그럼에도 불구하고 노력해야 한다.

우리 모두는 군자와 소인의 양면성을 함께 가지고 있다. 군자나 소인이나 때로는 군자고, 때로는 소인이다. 소인이라고 해서 평생 나쁜 짓만 하고 사는 것은 아니다. 문제는 그 간극을 줄이는 노력에 있다. 그것이 바로 수양이다. 정신적 수양을 통해 소인의 근성을 군자의 정신으로 바꿔나가야 한다.

거친 음식을 먹고 허름한 차림을 하고서도 당당하고 너른 모습을 갖기란 쉽지 않다. 하지만 계속해서 연습해야 한다. 타인의 시선으로부터 자유로워지는 연습을 해야 한다. 남이 나를 알아주지 않더라도 성내거나 서운해하지 않는 훈련을 해야 한다. 사람들이 흔히 평생을 자유롭게 살아본 적이 없다며 후회하곤 하는데, 그건 타인의 시선을 지나치게 의식하여 스스로를 옭아매고 지냈기 때문이다.

우리는 경험을 통해 잘 알고 있다. 조금 늦더라도 탄탄한 실력이 있는 사람은 언젠가 그만한 자리에 올라간다는 것을. 비록 우리 대부분이 소인의 운명을 가지고 태어났더라도 노력해야 한다는 것을. 그게 인간으로서 행할 마땅한 도리라는 것을.

●
사랑해야 사랑받고
공경해야 공경받는다

"군자는 태연하지만 교만하지 않고, 소인은 교만하지만 태연하지 못하다."

"군자라야 곤궁함을 견딜 수 있다. 소인은 곤궁하면 함부로 하게 된다."

"군자는 두루 통하고 편협하지 않지만, 소인은 편협하고 두루 통하지 못한다."

"군자는 화합하지만 남들과 똑같아지려고 하지 않는다. 소인은 남들과 똑같아지려고 할 뿐 화합하지 않는다."

우리가 흔히 말하는 화이부동(和而不同)은 군자의 태도

이고, 동이불화(同而不和)는 소인의 태도다. 화이부동은 상대의 개성을 존중해주면서 자신의 개성도 견지하여 공통의 규범을 찾아 서로 조화롭게 지낸다는 의미다. 자신의 이론과 방향은 있지만 혹시 더 나은 의견이 있는지 경청하고 균형 잡힌 태도를 견지하는 것이다.

한편 동이불화는 자신도 남과 같이 되고 남도 자신과 같이 되기를 요구하는 획일주의 또는 덩달아 따라 하기인 부화뇌동(附和雷同)을 의미한다. 다수의 의견에 쉽게 편승해 일체감을 얻거나 근거도 확실치 않은 이야기를 너나없이 떠들어대니 자신도 덩달아 도청도설(道聽塗說)하는 게 소인이다.

화이부동하는 상사는 회의 석상에서 후배가 자신과 '다른' 의견을 개진하더라도 일단 끝까지 들어주고, 맞장구를 쳐준 다음에 반대 의견을 얘기한다.

반면에 서두만 듣고는 '틀린' 얘기라고 면박을 주면서 비웃음을 날리는 상사가 있다. 이런 식으로 조언을 해야 할 때 조롱을 하는 사람은 "네가 잘 몰라서 그러는데"라는 말을 자주 쓴다. 이런 상사의 또 다른 특징은 전체적인 분위기가 후배의 의견에 동의하는 쪽으로 흘러가면 "그렇지. 내가 하려던 얘기가 바로 그거지. 혹시 예전에 내가 했던 얘기 아닌가?" 하면서 분위기에 편승한다는 것이다. 아랫사람이 받아야 할 칭찬을 중간에서 가로채기도 한다. 어떤 사람에게 친구가 더 많겠는가?

맹자 역시 "인(仁)한 사람은 사람을 사랑하고, 예(禮)가 있는 사람은 사람을 공경한다. 남을 사랑하는 사람은 남으로부터 항상 사랑받고, 남을 공경하는 사람 또한 남으로부터 항상 공경받는다"고 했다.

얘기인 즉, 내가 먼저 바뀌어야 남도 바뀐다는 뜻이다. 남을 바꾸는 것보다 나를 바꾸는 것이 더 쉽다. 남 탓이 아닌 내 탓을 하라는 말이다. 그리고 늘 먼저 사랑하고 공경하라는 뜻이다. 그러다 보면 인간관계가 자연스럽게 탄탄해질 것이다.

군자가 경계하고, 두려워하고, 생각해야 할 것들

끝으로 공자가 말한 군자가 경계해야 할 세 가지, 두려워하는 세 가지, 생각해야 할 아홉 가지를 음미하면서 '나는 군자인가 소인인가'를 자문자답해보면 어떨까?

"군자가 경계해야 할 세 가지가 있다. 젊어서는 혈기가 안정되어 있지 않으니 여색을 경계해야 하고, 장년이 되어서는 혈기가 왕성하니 싸움을 경계해야 하며, 늙어서는 혈기가 이미 쇠했으니 욕심을 경계해야 한다."

"군자에게는 세 가지 두려움이 있다. 군자는 천명을 두려워하고, 대인을 두려워하며, 성인의 말씀을 두려워한다."

"군자에게는 아홉 가지 생각이 있다. 볼 때는 바로 본 것인지를 생각하고, 들을 때는 똑똑히 들었는지를 생각하고, 얼굴 표정이 온화한지를 생각하고, 태도가 공손한지를 생각하고, 말을 충심으로 하는지를 생각하고, 일할 때는 진지한지를 생각하고, 의혹이 생기면 어떻게 물을

지를 생각하고, 분할 때는 화를 내고 난 다음의 어려움을 생각하고, 이해관계에 부딪히면 정당한지를 생각한다."

누구나 노력하면 군자가 될 수 있다

공자의 '군자와 소인의 구분법'에는 두 가지 중요한 의미가 있다. 하나는 군자와 소인은 타고나는 것이 아니라 후천적인 노력에 따라 결정된다는 것이고, 다른 하나는 군자가 딴 세상 사람처럼 고고하게 사는 존재가 아니라 소인과 일상을 함께하는 존재라는 사실이다.

이 두 가지 의미는 마음만 먹고 열심히 행하면 우리도 군자가 될 수 있다는 희망을 준다. 또한 세상을 등지고 떠나 다른 경지를 찾는 '출세(出世)'와 세상에 머물며 성취를 지향하는 '입세(入世)' 사이에서 고민하지 않고 주어진 일상을 살아가도록 하는 위안을 주기도 한다.

공자가 강조한 군자의 도리 중에서 의미가 있는 것은

이러한 현실성이다. 공자는 이상적인 인격체로서 군자를 말하면서 수양을 위해 깊은 산속에서 면벽수도나 하라고 권하지는 않았다. 군자의 소양을 갖춘 뒤 대중과 멀리 떨어져 군림하거나 따로 노는 존재로 지내라는 말도 하지 않았다.

군자는 범속하지 않은 기품과 소양을 가졌지만 그 범속한 소인들과 함께 호흡하며 일상을 지낼 것을 주문했다. 세상에서 어울리며 살라고 했다. 군자답게 소인들을 훈도하고 몸으로 직접 모범을 보이는 신교(身敎)를 베풀어 소인들을 군자로 만드는 것이 군자의 도리라고 했던 것이다. 공자 스스로 출신 성분이 다른 여러 제자들을 보듬어 안았으니 대단한 군자라 할 만하다.

사실 군자라는 말은 공자 이전에는 왕후와 귀족 즉 지배 계층을 일컫는 명칭이었다. 그런데 공자는 신분적 의미를 담고 있는 이 단어를 도덕적 의미로 전환시켰다. 군자를 도덕적 성취를 이룬 인격적 완성자의 의미로 쓰기 시작한 것이다.

공자는 사람이란 누구나 평등하게 태어났다는 도덕

적 평등주의를 주장했다. 사람의 타고난 성정은 비슷한데 생활환경 때문에 차이가 난다고 생각했고, 극소수의 천재인 '상지(上智)'와 타고난 바보인 '하우(下愚)' 등 예외적인 경우를 제외하면 대부분의 사람이 비슷한 가능성을 가지고 태어난다고 주장했다. 공자의 유교무류(有敎無類) 정신, 즉 가르침에는 차별이 없다는 식의 평등하고 개방적인 교육관도 이러한 인식을 바탕으로 한 것이었다.

공자의 인식은 누구든지 노력에 따라 상향 이동할 수 있다는 개방적인 사회유동관으로 이어진다. 귀족 출신이 아니고 평범한 농부의 집안에서 태어났어도 후천적으로 도덕성과 능력을 배양하면 얼마든지 상류 계층이 될 수 있다는 뜻이었다.

반대로 높은 신분으로 태어났어도 인격 수양에 게을러 형편없는 망나니짓을 한다면 하향 이동할 수 있다는 경고이기도 했다. 신분제 사회 당시에 획기적인 계층관을 제시한 것이다.

공자는 이와 같은 계층관을 뒷받침하기 위해 '요순 선

양설'이라는 정치 신화를 만들어내기도 했다. 요순 선양설은 성군인 요 임금이 아무런 혈연관계가 없는 평민 출신의 순 임금을 발탁하여 오랜 실습 과정을 통해 경력과 실적을 쌓도록 하고, 이를 바탕으로 평화적으로 왕위를 이양했다는 이야기다. 사실 여부는 확인할 길이 없는 전설이지만 공자가 이를 정치신화한 이유는 상향유동의 가능성을 강조하려는 의도였다.

순 임금은 요 임금에게 발탁되기 전에는 왕족도 귀족도 아닌 평범한 백성이었다. 그런 그가 타고난 기질이나 출신 성분에 관계없이 순전히 후천적인 노력과 개인적 성취의 결과로 성인군주가 될 수 있었다는 주장은 사람들을 발분망식(發憤忘食)●하게 하는 기막힌 예가 아닐 수 없었다. 자신의 도덕적 성취와 능력만으로 군자도 되고 성인도 될 수 있다는 논리는 그 자체만으로 엄청난 교육 효과가 있었던 것이다.

● 끼니를 잊을 정도로 학문에 몰두한다는 뜻으로 공자가 스스로를 칭한 말이다. 공자는 늘 자기 자신을 배우기 좋아하는, 호학(好學)하는 사람이라고 했다.

그런데 오늘의 현실은 어떤가. 개천에서 용이 날 가능성은 거의 없는 사회다. 이런 우울한 현실이 열심히 일하고 있는 우리들을 힘들게 한다. 과연 방법이 없을까? 전혀 없진 않을 것이다. 공자를 따라 조금씩 그 길을 찾아가보자.

사람들과
관계 맺기가 어렵다면

기소불욕 물시어인 己所不欲 勿施於人

내가 하기 싫다면
남에게도 시키지 말 것

제자 자공이 공자에게 물었다.

"평생 행할 만한 한마디가 있을까요?"

공자가 대답했다.

"그것은 바로 용서의 서(恕)다. 내가 하고자 하지 않는 바를 남에게 베풀지 않는 것. 내가 하기 싫은 일이라면 남에게도 시키지 않는 것이다."

공자가 평생 행할 가치가 있는 덕목이라고 강조했던 '서(恕)'를 파자(破字)해보면 '같을 여(如)'와 '마음 심(心)'으로 이루어져 있다. 상대와 같은 마음을 갖는 것이 곧 용서라는 얘기다.

한편 용서의 '용(容)'은 집을 뜻하는 갓머리(宀)와 골짜기를 뜻하는 곡(谷)으로 이루어져 있다. 용은 주로 얼굴이라는 뜻으로 쓰이는데 그 이유는 골짜기와 큰 집에 많은 것을 담을 수 있는 것처럼 많은 표정을 담을 수 있는 곳이 얼굴이기 때문이다. 더불어 몸가짐과 마음가짐, '그릇 안에 담다'와 '받아들이다'라는 뜻도 갖고 있다.

결국 공자가 말하는 용서를 문자 그대로 해석하면 '남과 같은 마음을 갖고 그에 따라 행동하는 것, 상대의 마음을 받아들여 마음에 담는 것'이다. 이는 역지사지(易地思之)로 풀이될 수도 있다. 상대를 용서하려면 먼저 처지를 바꿔 생각해봐야 하기 때문이다.

공자가 얘기한 "내가 하기 싫은 일이라면 남에게도 시키지 말라"는 것도 같은 맥락이다. 남과 같은 마음을 갖는다면 당연히 내가 하기 싫은 일을 남에게 시키지 않게 될 것이다.

역지사지는 관용과 배려, 그리고 공감을 통해 완성된다. 남의 잘못을 너그럽게 받아들이는 관용, 어려운 사람을 도와주거나 보살펴주려 마음을 쓰는 배려, 그리고 남의 아픔을 함께 나누려 하는 공감이 없다면 입장 바꿔 생각하는 역지사지와 용서란 처음부터 불가능하다.

"정말 용서하고 싶지 않은 직장 상사가 있어요. 궂은일은 아랫사람을 시키고, 성과는 가로채는 아주 이기적인 사람입니다. 그 사람 때문에 이직을 고려할 정도로 정신적 고통이 큽니다."

윗사람과의 마찰 때문에 출근하기가 싫다는 사람들이 적지 않다. 자기가 해야 할 일인데 귀찮다고 아랫사람을 시키고, 칭찬받기 좋은 일들만 골라서 하거나 자신의 공으로 돌리는 얌체 상사들이 많아 힘들다는 것이다. 이른바 하늘의 공마저 탐낸다는 탐천지공(貪天之功)이다.

실력이 아니라 직책과 나이를 무기로 삼고, 고충을 헤아리거나 잘못을 덮어주는 것이 아니라 오히려 소문을 내고, 윗사람의 눈에 들기 위해서 아랫사람을 괴롭히는 사람들이 많은 것은 사실이다.

이는 한국 사회가 충(忠)과 서(恕)를 무시한 채 단기간에 고속성장만을 위해 달려왔기 때문에 관용과 배려가 부족한 탓이다. 그런 병폐가 직장 내에 여전히 남아 있다. 그러나 남을 탓하기 전에 나 자신부터 달라져보라고 권하고 싶다. 직장이란 원래 그런 것이니 거기에 맞춰서 살라는 것이 아니라 이제부터라도 회사를 바꿔보라는 것이다.

구태의연한 회사라고 불평만 늘어놓는다면 세상은 달라지지 않는다. 내가 먼저 이해하려 들고 관용과 배려를 베풀어야 한다. 그런 것은 원래 선배들이 행해야 할 덕목이 아니냐고 묻지 말자. 긴 안목으로 세상을 살 필요가 있다. 뿌린 대로 거둔다는 말처럼 나의 작은 희생은 언젠가 더 큰 이익으로 돌아오게 마련이다.

이처럼 선후배를 아끼고, 모두가 꺼려하는 일을 스스로 맡아서 할 정도로 너그러운 사람이라면 그 주변으로 좋은 사람들이 많이 모여들지 않을까? 그렇다면 출근 스트레스는 줄어들고 성공은 가까워질 것이다. 그래서 역설적이게도 남을 돕는 행동은 나를 위한 이기적인 행동이라 할 수 있다. 궁극적으로 나에게 성공을 가져다주기 때문이다.

말처럼 쉬운 일은 아닐 것이다. 애써 마음을 다스려가며 호의를 베풀어도 남이 나와 같지 않으며, 나 또한 남과 같지 않기 때문에 실망도 하게 될 것이다.

하지만 이런 괴리감은 사회생활을 하는 한 어쩔 수 없는 부분이다. 원하건 원치 않건 우리 모두는 누군가와 서로 연결되어 있기 때문이다. 다른 사람이 내 맘 같지 않다고 해서 피해 다닐 수는 없다. 회사를 다니고 있다면 싫은 사람들과도 관계를 맺어야 한다. 그래서 인간관계, 직장 생활이 힘든 것이지만 어쩔 수가 없다. 따라서 원만한 인간관계를 맺기 위한 해법을 찾아야 한다.

●
관즉득중寬則得衆

너그러우면
사람이 모여든다

공자가 제자 자장에게 말하기를 다음과 같은 다섯 가지

원칙만 지키면 천하에 평화가 온다고 했다.

"공손하면[恭] 업신여김을 당하지 않게 된다. 너그러우면[寬] 사람을 얻게 된다. 믿음이 있으면[信] 주위 사람들이 일을 맡기게 된다. 민첩하면[敏] 기회가 올 때 공적을 세우게 된다. 그리고 많이 베풀면[惠] 어려운 일도 주위 사람들에게 부탁할 수 있게 된다."

공자의 말처럼 아랫사람과 윗사람을 '공손'하고 '관대'하게 대하고, 궂은일을 도맡아 한다면 주변에 좋은 사람들이 많이 모일 것이다. 이것이 바로 관즉득중(寬則得衆)이다.

만일 주변으로부터 '믿음'을 얻고, 일처리도 '민첩'하게 잘하는 사람이라면 회사에 중요한 프로젝트가 생겼을 때 책임자로 올라설 수 있을 것이다. 또한 평소 주변에 은혜를 베풀어두면 어려운 상황에 처했을 때 도움을 받을 수도 있을 것이다.

행복한 사람들은 사람을 좋아하고, 좋은 사람들과 시간을 함께 보내려고 노력한다. 좋은 사람들과 함께 밥을 먹고 수다를 떠는 소소한 즐거움이야말로 행복으로 가는 지름길이다. 슬픔과 기쁨을 함께 나눌 상대가 없다면 불행해진다. 우리 안에 네가 없다면 나 역시 존재하는 의미가 사라지고 마는 법이다. 그러므로 행복해지고자 한다면 인간관계 맺기에 성공해야 한다.

상대를 용서하는 마음과 함께 평화를 얻기 위한 다섯 가지 원칙[공(恭), 관(寬), 신(信), 민(敏), 혜(惠)]을 잘 지켜 원만한 인간관계 맺기의 달인이 되는 것, 그것이 인간관계가 주는 스트레스를 이기는 유일한 방법이다.

●
삼인행 필유아사 三人行 必有我師
세 사람이 길을 가면 반드시
그 안에 스승이 있다

"부장님이 회식하자고 하면 저는 어떤 핑계를 대서라도 도망갑니다. 정말로 같이 밥을 먹고 싶지 않아요. 억지로 폭탄주 마시는 것도 싫고요."

회사는 많은 사람들을 만나 다양한 인간관계를 맺는 곳이다. 그중에는 찾아가서 인생의 교훈을 듣고 싶은 선배도 있고, 열심히 하는 모습을 보이면서 나에게 자극을 주는 후배도 있겠지만 안타깝게도 모두 그런 것은 아니다.

사람이 싫다고 인간관계를 포기할 수 없듯이 동료가 마음에 들지 않는다고 회사를 그만둘 수는 없다.

무능력한 주제에 불합리한 명령까지 내리는 상사가 밉고, 말을 듣지 않고 뺀질거리는 후배가 싫다고 해서 관계를 끊을 수는 없다. 등을 돌린 채 파티션 뒤로 숨어봐야 어차피 같은 공간이다.

방법이 없기 때문에 더 적극적으로 방법을 찾아야 한다. 하루 중 가장 많은 시간을 보내야 하는 곳이 직장인데 그곳이 지옥처럼 여겨진다면 얼마나 힘들겠는가. 공자의 말씀을 한번 되새겨보자.

공자는 "나보다 나은 사람을 보면 따라잡아서 같아지도록 하고, 뒤처지는 사람을 보면 스스로 반성하라[見賢思齊 見不賢而內自省]"고 했다.

뛰어난 사람이 주변에 있으면 당연히 그에게서 배우

고, 모자란 사람이 있으면 자신의 단점을 고칠 수 있는 계기로 삼아야 한다. 못난 사람이라고 욕하고 배척할 것이 아니라 나에게는 그런 문제가 없나 돌아보는 반면교사(反面敎師)의 계기로 삼아야 한다.

좋은 것은 당연히 좇고 나쁜 것은 고치니, 좋은 것도 스승이 될 수 있고 나쁜 것도 스승이 될 수 있다는 가르침은 원만한 인간관계 맺기의 해법으로도 손색이 없다.

마음에 들지 않는 사람이 있더라도 흉보지 말아야 한다. 흉보면 닮는다는 말은 괜한 말이 아니다. 결국 똑같은 사람이 되고 만다. 게다가 그 뒷말은 언젠가 상대의 귀에 흘러들어가 상황을 더 꼬이게 만들 것이다.

공자는 "세 사람이 같이 길을 가면 반드시 그 안에 나의 스승이 있다(三人行 必有我師)"는 말을 남겼다. 상대의 흠집을 찾아내 흉보기보다는 사소한 것 하나라도 장점을 찾아내 칭찬을 해보는 것이 좋다. 아무리 부족해 보이는 사람일지라도 장점 하나 없는 사람은 없다. 그런 사람도 스승으로 삼으라는 것이 공자의 가르침이다.

나아가 미운 사람에게 먼저 친절하게 다가가는 것도

인간관계 맺기의 한 방법이다. 마음에 들지 않는 사람과 마주칠 때마다 뒤돌아간다거나 눈길을 피하지 말고 먼저 웃어주라는 것이다. 이런 행동이 반복되면 상대 역시 차츰 마음의 문을 열고 우호적으로 변하기 시작할 것이다.

이것이 잘났건 못났건 주변에 있는 나의 스승들을 통해 인생을 배우는 현명한 방법이다.

결국 공자의 가르침은 자기반성을 하라는 것이다. 이 과정에서 가장 중요한 존재는 바로 직장 상사다. 5년 선배를 보면서 나의 5년 후를 그려본다면 거기에서 크게 벗어나지 않을 것이다. 10년 동안 근무한 선배가 지금 어떤 모습인지를 살펴보면 앞으로 10년 동안 내가 해야 할 일을 알 수 있다.

또한 존경받는 선배가 되고 싶다면 당신이 어떤 선배를 존경하는지부터 스스로 물어보는 것이 좋을 것이다. 마찬가지로 좋은 후배가 되고 싶다면 당신이 어떤 후배를 아끼는지부터 생각해봐야 하지 않을까? 질문 속에 답이 있다.

또한 '수기이안인(修己以安人)' 즉, 자신을 갈고 닦아서 주위 사람을 편안하게 해주는 것이 군자의 도리라고 했다. 요임금이나 순임금도 쉽게 하지 못한 일이지만 그래야 마땅하다고 했다.

머리가 벗겨지고, 배가 나오고, 무기력하며, 자기계발에 힘쓰지 않고, 복지부동하는 중년의 상사가 될 것인지, 아니면 배우고 때맞춰 익히는 것을 기쁨으로 알고, 멀리서부터 애써 찾아오는 벗이 많으며, 남들이 공을 알아주지 않아도 화내지 않는 멋진 상사가 될 것인지는 본인의 노력에 달려 있다. 다양한 사람들과 적극적으로 관계를 맺고, 이를 통해 자기계발에 힘쓰고 사회적 역량을 키워 나가야 한다.

어느 날 자공이 물었다.

"공문자 공어●는 어째서 문(文)이라는 시호를 썼을까요?"

공자가 말했다.

● 위나라에 살던 공어(孔圉)는 배우기를 좋아하는 영민한 사람이었다. 사후에 문(文)이라는 시호를 얻어 공문자(孔文子)로 불리게 되었다.

"행동이 굼뜨지 않으면서 배우기를 좋아했고, 아랫사람에게 묻는 것을 부끄러워하지 않았다. 그래서 문이라고 한 것이다."

불치하문(不恥下問), 즉 모르는 것이 있다면 후배가 아니라 어린아이에게라도 물어서 배워야 한다. 그것이 동행하는 세 사람 안에서 스승을 찾아내는 또 다른 방법이다.

모르는 것은 결코 죄가 아니다. 모르는 것을 묻는 것은 부끄러운 일이 아니다. 모르는 것을 모르고 있다는 것이 부끄러움이고, 모르는 것이 있는데 묻지 않는다면 잘못이다.

나아가 용서할 부분이 있다면 원수도 용서하려고 노력해야 한다. 용서는 나중에 내가 돌려받게 될 보험이다. 노력하겠다는 마음 자체가 큰 공부다. 노력하는 자와 하지 않는 자, 이것이 공자가 말하는 군자와 소인배의 차이점이다.

무신불립 無信不立

믿음이 없으면
설 수 없다

제자 자공이 공자에게 정치의 우선 과제가 무엇이냐고
묻자 공자가 대답했다.

"백성들을 잘 먹이고, 국방을 튼튼히 하고, 백성들이
(정부가 하는 일을) 믿도록 하는 것이다."

자공이 물었다.

"만약 어쩔 수 없이 이 셋 중 하나를 버려야 한다면 어
느 것을 먼저 포기할까요?"

공자가 말했다.

"안보부터 버려야지."

자공이 물었다.

"만약 어쩔 수 없이 나머지 둘 중 하나를 버려야 한다
면 무엇을 먼저 할까요?"

공자가 대답했다.

"배불리 먹이는 것부터 포기해야겠지. 사람은 누구나

다 죽게 마련이다. 하지만 백성들의 (정부에 대한) 믿음이 없으면 정치는 제대로 서지 않아[民無信不立]."

전쟁터에서도 마찬가지다. 장수가 병사들에게 줄 것은 식량이나 총알만이 아니다. 신뢰를 심어줘야만 한다. 위험한 상황에서 리더가 "나를 믿고 따르라"고 할 때 '저 사람을 따라가면 무조건 살아남을 수 있다'는 믿음 말이다.

리더에 대한 신뢰가 없는 병사는 당연히 목숨 걸고 전투에 임하지 않을 것이다. 내가 적군의 포로가 되었을 때 나의 전우가, 나의 리더가 반드시 구출하러 올 것이라는 믿음이 생기지 않기 때문이다. 믿음이 사라진 당장 나 자신부터 당연히 그런 명령에 따르지 않을 것이기 때문이다.

신뢰를 쌓는 가장 좋은 방법은 아마도 대화일 것이다. 터놓고 대화하지 않으면 신뢰는 싹틀 수 없는데 원활한 의사소통은 관용과 배려, 공감을 통해 완성된다. 역지사지는 기본이다.

"선배님, 저는 자신이 없어요. 그 프로젝트를 제가 잘할 수 있을까요?"

"내가 너를 믿는데, 네가 너 자신을 믿지 못하면 어떻게 하니? 나를 믿고 한번 도전해봐. 넌 잘할 수 있을 거야."

이러한 공감의 대화야말로 선배 혹은 조직의 리더가 알아둬야 할 의사소통의 노하우다. 신뢰를 바탕으로 한 존경심은 사람을 우러러보게 하니 그것이 없으면 올바르게 설[立] 수 없다. 그게 바로 무신불립(無信不立)이다. 이것이 잘나가는 직장인의 비결이다.

지금은 카리스마 넘치는 보스보다는 친근한 리더가 더 인정받고 있다.

"내년에 더 힘들지도 모릅니다. 그래도 함께 가봅시다. 저도 앞일을 잘 알지 못합니다. 그래서 같이 갈 여러분이 필요합니다"라며 겸손하고 솔직하게 손을 내미는 리더가 더 믿음을 주기 때문이다. 인간관계가 수직에서 수평으로 바뀌면서 인간적인 신뢰가 더 중요시되고 있다.

직원 입장에서 본다면 똑같이 결과가 좋지 않더라도 '따라 가는 것'과 '같이 가는 것'은 명백히 다르다. 전자는 비자발적이었기 때문에 결과가 좋지 않으면 체념하면서 불평불만을 갖게 되고, 보스를 탓하게 된다. 하지만 후자는 자발적이었기 때문에 그 결과를 겸허히 받아들이게 되고 따라서 재도약의 기회로 삼을 수 있다. 리더가 가진 겸손의 힘이라 할 수 있다.

"선배들은 비켜주지 않고, 후배들은 치고 올라오죠. 저희 30대는 샌드위치처럼 낀 세대라서 힘이 듭니다."

많은 사람들이 직장 생활의 어려움을 토로한다. 그중에서도 30대는 여러모로 중간이다. 나이로도 그렇고 직장에서도 중간 자리에 위치한다. 직장마다 명칭은 조금씩 다르겠지만 대체로 대리를 거쳐 과장과 차장 또는 팀장 정도의 자리를 점하는 나이다.

비록 고위직은 아니지만 적으면 적은 대로 자신이 사양하고 배려하는 정도에 따라 영향력이 드러날 수 있는 위치다. 직장에서의 균형감에 더해 균등의 작업을 할 수 있는 중간 간부 정도는 된다. 중용의 도를 살려 직장 내에서 나름대로 고르는 작업인 제(齊)를 할 수 있을 것이다.

'제'는 '많은 것은 줄이고 적은 것은 늘려 고르고 균등하게 만드는 것'을 뜻한다. 직장이라는 집단에서 고르는 '제' 작업을 주도한다면 그게 바로 군자의 역할을 하는 것이다.

상사로부터는 지시를 받고 후배들에게는 가르침을 줘야만 하는 중간 관리자인 30대가 중심을 잡고 서서 단단한 버팀목이 돼야 조직이 탄탄해진다. 20대와 40~50대를 잇는 튼튼한 징검다리가 되어야 회사가 발전할 수 있다. 직장의 허리로서 새로운 흐름을 이끌어나가야 하는 30대에게 가장 필요한 덕목은 아마도 신뢰일 것이다.

윗사람이 믿고 일을 맡길 수 있는 후배, 아랫사람이 믿고 따를 수 있는 선배가 돼야 한다. 중간에 낀 세대라고 불평만 한다면 위아래 사람들 모두 떠나고 신뢰도 잃게 된다. 30대에게 무신불립이 중요한 이유다.

가득 차면 손해를 보고
겸손하면 이익을 본다

공자는 제자 염유에게 위태로운데 지켜주지 않고, 넘어지는데 붙잡아주지 않으면 신하의 도리가 아니라고 말한 바 있다. 하지만 현실은 그렇지 못하다. 부하와 동료를 시샘하거나 짓밟으며 '앞으로!' 또는 '위로!'만 외치는 사람도 있고, 영혼은 잠시 숨겨둔 채 상사에게 아부하고 영합해 기어이 그 자리를 차지하려는 사람도 있다. 넘어진 사람을 밟고 일어서는 사람도 많다. 이런 사람에게 믿음과 존경심이 생길 리 만무하다.

반면에 중용(中庸)의 도를 지키며 서로 잘되는 길을 모색하는 사람도 있다. 중용이란 단순히 길 한가운데 위치하는 것이 아니다. 강 건너 불구경하듯이 어정쩡하게 중간에 서 있는 것이 아니다. 어느 한쪽으로 치우치지 않게끔 역동적인 균형감을 지니고 행동하는 것이다.

다음은 공자가 맹자반(孟子反)이라는 귀족을 칭찬하면서 한 말이다.

"맹자반은 자신을 과시하지 않는 사람이다. 전투에서 우군이 궤멸하자 맨 뒤에 남아 우군의 후퇴를 엄호하다가, 성문에 들어설 때야 비로소 말을 채찍질하며 '내가 용감해서 뒤에 남았던 것이 아니라 말이 빨리 나아가려 하지 않아서 그렇게 된 것이다'라고 말했다."

겸손함으로 균형을 맞춘 것이다. 살면서 이렇게 처신하기는 쉽지 않다. 가능하면 다른 사람의 성과를 내 것으로 가져와 인정받고 싶은 것이 인지상정이기 때문이다. 하지만 기꺼이 겸양지덕의 태도를 견지한다면 그것이야말로 군자가 되는 지름길이다. 공자는 매사 겸손하라고 강조했다. 이것이 바로 자기를 지키는 일이며, 퍼내고 덜어내면서 그릇을 다시 채우는 비결이라고 했다.

"총명하고 생각이 밝더라도 어리석음으로 자신을 지키고, 공이 천하를 덮을 만하더라도 겸양으로 자신을 지키고, 용맹이 세상에 떨칠지라도 겁냄으로써 자신을 지키고, 온 세상을 차지할 정도로 부유하더라도 겸손으로써 자신을 지켜야 한다."

《서경(書經)》에 '만초손 겸수익(滿招損 謙受益)'이란 말이 있다. 가득 차면 손해를 보고, 겸손하면 이익을 본다는 뜻이다. 오만함으로 가득 찬 사람보다 겸손지양의 미덕을 가진 사람 주변에 좋은 사람들이 더 많이 모인다는 것은 동서고금에 모두 통하는 이치다.

많이 듣고 널리 보면 실수가 줄어든다

제자 자장이 벼슬 구하는 법, 관직 생활의 자세에 대해 물었을 때 공자는 다음과 같이 답했다.

"많이 듣고, 미심쩍은 일은 보류해놓고, 말을 신중히 하면 허물을 줄일 수 있을 것이다. 널리 보고, 위태로운 일은 보류해두고, 조심스레 행동하면 뉘우칠 일을 줄일 수 있을 것이다. 말에 허물이 적고 행동에 뉘우침이 적으면 벼슬은 바로 그 안에 있는 것이다."

《논어》의 '위정 편'에 나오는 "많이 듣고 미심쩍은 일은 보류해두라"는 다문궐의(多聞闕疑)와 "널리 보고 위태로운 일은 보류해두라"는 다견궐태(多見闕殆)의 금언은 조급증을 없애고 신중하게 행동하라는 지침이다. 이 행동 강령은 지금도 여전히 유효하니 책상 앞에 써서 붙여두면 어떨까 싶다.

미심쩍은 일은 보류하고 신중하게 행동하는 사람이라면 자연스럽게 실수할 일이 줄어든다. 당연히 신뢰가 쌓일 것이고, 신뢰를 받으니 기대에 부응하기 위해 행동을 더욱 조심하게 될 것이다. 행동이 조신하니 남이 싫어할 일을 시키지 않을 것이고, 직접 솔선수범하게 될 것이다. 직장 내 인간관계는 두루 원만해질 것이고, 업무 수행 능력도 탁월해질 것이다. 사리사욕에 휩싸여 편을 가르지도 않고 중용의 도를 실천할 것이다. 일과 인간관계 모든 면에서 균형 감각을 유지하려고 노력도 할 것이다.

많이 듣고, 널리 보고, 미심쩍은 일을 조심하는 것 하나만으로 이렇게 많은 것을 얻을 수 있다.

"작은 일도 무시하지 않고 최선을 다해야 한다. 작은 일에도 최선을 다하면 정성스럽게 된다. 정성스럽게 되면 겉에 배어 나오고, 겉에 배어 나오면 겉으로 드러나

고, 겉으로 드러나면 이내 밝아지고, 밝아지면 남을 감동
시키고, 남을 감동시키면 이내 변하게 되고, 변하면 생육
된다. 그러니 오직 세상에서 지극히 정성을 다하는 사람
만이 나와 세상을 변하게 할 수 있다."

《중용》23장에 나오는 말이다. 작은 일 하나에도 정성
을 다하면 세상이 바뀐다는데, 한번 도전해보는 것은 어
떨까. 정성을 다하는 그 마음은 언젠가 틀림없이 빛을 발
할 것이다. 회사가 인정해주지 않더라도, 적어도 이 세상
에서 한 명의 인생만큼은 변화시킬 것이다. 그걸 행하는
바로 나 자신 말이다.

진정한 친구가
한 명이라도 있는가

진정한 친구를
알아보는 법

"베이스캠프는 어디로 가야 할지 모를 때 방향이 되고, 어떻게 갈지 모를 때 지도가 되고, 계속 가야 할지 망설일 때 용기가 된다. 베이스캠프 없는 정상은 없다"

모 기업의 텔레비전 광고 카피였다. 히말라야 같은 험한 산을 등정할 때 정상 밑에 구축하는 베이스캠프의 중요성을 역설하는 광고였다. 그런 회사가 되겠다는 뜻이었다.

사실 진정한 인생의 베이스캠프는 친구가 아닐까 싶다. 서로에게 방향이 되고, 지도가 되고, 용기를 주고받는 존재가 바로 친구다. 제 아무리 최고봉에 올랐다고 하더라도 곁에 동반자가 없으면 성공한 등반이 아니다. 누군가 박수를 쳐주고 사진도 찍어줘야 하지 않겠는가.

그러니 애당초 베이스캠프 역할을 해내지 못할 친구와는 함께 산에 오르지 않는 것이 좋다. 산이란 때때로 내 목숨을 버리면서 동반자를 구해야만 하는 곳이다. 산은 오르지 않고 캠프에서 낮술이나 하자고 하는 친구는 처음부터 멀리 하는 것이 좋다.

"사람이 하는 바를 잘 지켜보고, 그렇게 하는 이유를 잘 헤아려보고, 무엇을 편안해하는지를 잘 따져보면 다 드러나게 마련이니 사람됨이 어찌 감추어질 수 있겠는가."

이 구절에는 진정한 베이스캠프가 될 수 있는 친구의 사람됨을 파악하는 세 가지 방법이 언급되어 있다.

첫째, 겉으로 드러나는 언행을 잘 살펴보면 대체로 사람됨을 파악할 수 있다. 얼굴빛과 표정, 그리고 말투에서 사람됨이 웬만큼은 드러난다. 하지만 겉으로 드러난 언행은 사회적 얼굴이다. 얼마든지 교언영색이라는 가면을 쓸 수 있다. 사람은 누구나 천사와 악마의 속성을 모두 가지고 있기 때문에 상대를 속이려 작정하면 충분히 속일 수 있다.

그러므로 상대방이 내 앞에서 가면을 쓰는 이유를 잘 헤아려보라는 것이다. 겉으로 드러난 언행 뒤에 숨은 동기를 잘 살펴야 한다. 그것이 둘째다.

셋째, 지켜보는 것과 동기를 파악하는 것에서 한발 더 나아가 그 사람이 무엇을 편안해하는지를 잘 따져봐야 한다. 편안해한다는 말은 순수한 동기를 변함없이 견지한다는 뜻이다.

보통 사람들의 마음은 '화장실 들어갈 때와 나올 때'가 다른 법이다. 처음엔 선한 동기로 한 행동이지만 갈수록 아깝고 후회스럽다면 그것은 편안하지 못한 것이다. 하지만 선한 동기로 한 언행에 대해 갈수록 만족스럽고 스스로도 대견하다는 생각이 든다면 그것은 실로 편안한 것이다.

혼자 있는데도 좌불안석하는 사람들이 있다. 혼자 있을 때면 평소 사회적 모습과는 전혀 다른 모습으로 음험한 일을 저지르는 사람들도 있다. 사이버 공간에서 익명의 댓글을 달기도 하고, 남의 SNS를 뒤져가며 엿보기도 한다. 또한 젊잖게 보이지만 술만 마시면 폭력적으로 변하는 사람들도 많다. 이는 도저히 편안하지 못한 경우다.

그러나 혼자 있을 때나 사람들 앞에서나 똑같이 태연하고 삼가는 자세를 견지하는 신독으로 행동한다면 그건 편안한 것이다.

이 세 가지 방법으로 사람을 살피면 사람됨이 대부분 드러난다. 베이스캠프라는 이름의 친구는 그렇게 사귀는 것이다. 사회에서 만난 친구를 사귈 때 명심하면 좋을 것이다.

●
무우불여기자 無友不如己者
자기보다 못한 자를
벗으로 삼지 말라

공자는 사람다움을 가꿔가는 과정에서 친구가 매우 소중한 존재라고 강조했다. 도덕적으로 자신보다 못한 사람을 친구로 삼지 말라고 한 무우불여기자(無友不如己者)

는 "어진 사람을 보면 그와 같이 되기를 생각하고, 어질지 않은 사람을 보면 속으로 스스로 반성하라"는 뜻이었다. 목적의식도 없고 어질지 못하며 올바른 꿈도 꾸지 않는 자를 멀리할 친구로 봤던 것이다.

또한 이문회우 이우보인(以文會友 以友輔仁), 즉 "군자는 학문으로 벗을 모으고, 그 벗으로 어짊을 돕는다"고 했다. 벗을 통해 인(仁)을 키워가야 한다는 뜻이다.

두루 사람들을 아끼되 어진 사람하고만 친하게 지내라고 했고, 윗사람이 오랜 친구를 버리지 않으면 백성들도 무정하거나 각박해지지 않을 것이라고도 했다. 사람 사귀는 일이 그만큼 중요하니 앞에서 말한 것처럼 사람 보는 안목도 키우라고 했다. 그렇다면 보탬이 되는 친구와 해로운 친구는 어떤 사람들일까?

《논어》 '계 씨 편'에는 다음과 같은 말이 나온다.

"정직한 벗, 믿음직한 벗, 견문이 넓은 벗과 사귀면 도움이 된다. 반면에 한쪽에 치우친 벗, 아첨 잘하는 벗, 말을 망령되게 하는 벗과 사귀면 해를 당하게 된다."

인생에 가장 보탬이 되는 친구는 정직한 벗이다. 정직

하다는 것은 어떤 일을 판단할 때 '그렇다', '아니다', '모르겠다'의 세 가지로 단순명료하게 정리하는 것을 말한다. '그런 것 같다'라든지 '아닌 것 같다' 또는 '잘 모르겠다'는 식의 애매한 판단이 아니다.

요즈음 우리 언어에 '~같다'라는 표현이 지나치게 많이 쓰이는데, 바람직하지 않은 유행이다. 심지어 본인의 기분을 물어보는데도 "좋은 것 같아요"라고 하고, 아프냐고 물어보는데도 "아픈 것 같아요"라고 대답하는 경우가 많다. 이는 자신감이 없고 정직하지도 못한 표현이다. 남의 시선을 의식하고, 책임을 회피하려는 의도를 담고 있는 표현이다.

또한 칭찬할 일이 있으면 칭찬하고, 허물이 있으면 허물을 지적해주는 벗이 정직한 벗이다. 바른말을 해주는 친구가 있어야 나도 함께 나아진다. 다만 공자는 이렇게 경계했다.

"친구에게 자주 잔소리를 하면 서로 멀어지게 된다."
"충심으로 권고하고 잘 이끌어주되, 듣지 않으면 그만 그치면 된다. 안 되는 일에 매달려 모욕을 자초할 필요는 없다.”

또한 “신이후간(信而後諫), 즉 신뢰가 쌓인 다음에 일을 시키고 잘못된 일을 고치도록 해야 한다”는 말도 했다. 신뢰가 없다면 자신을 괴롭히거나 비방하는 것으로 생각할 수 있기 때문이다.

그렇다. 친구에게 하는 충언도 누울 자리를 보고 발을 뻗듯 조심스레 해야 한다. 기꺼이 들어줄 마음, 즉 믿음이 형성되지 않은 친구에게 하는 조언은 잘못하면 조롱이 된다.

“너는 게으른 것이 가장 큰 단점이야. 조금만 부지런하면 성공할 거야”라는 충고는 친구라면 충분히 할 수 있다. 하지만 듣기 좋은 말도 세 번이면 족하다. 아무리 친한 친구라고 하더라도 만날 때마다 ‘넌 게을러서 성공하기 힘들 것’이라고 중언부언한다면 친구에게 큰 상처를 주는 것이다. 정직함이 지나치면 강퍅해진다. 정직함이 잘 다듬어지지 않으면 각박해서 남을 아프게 만든다. 좋은 친구 중 두 번째는 믿음직한 벗이다.

“사람이 미덥지 않은데 사람이라 할 수 있을까. 큰 수

레에 멍에 채가 없고 작은 수레에 끌채 고리가 없다면 어떻게 나아갈 수 있겠는가."

멍에 채는 수레와 소를 이어주는 연결고리이고, 끌채 고리는 수레와 말을 묶어주는 연결고리다. 멍에 채와 끌채 고리가 없으면 연결되지 않아 수레가 앞으로 갈 수 없듯 인간관계, 특히 친구 관계는 미더움이 있어야 서로 오래 사귀게 된다. 신뢰를 쌓는 것은 평생 걸린다. 그러나 무너지는 것은 한순간이다. 어떤 경우에라도 믿을 만한 친구, 한결같은 친구가 있다면 그는 보배다.

보탬이 되는 세 번째 친구는 견문이 넓은 벗이다. 시사에도 밝고, 시야도 툭 터졌고, 지구촌 구석구석 안 가본 곳이 없는 친구가 있다면 얼마나 고맙겠는가. 박학다식하고 편견 없는 친구를 만날 때마다 하나라도 얻어듣고 배울 수 있다면 그처럼 유익한 일도 없을 것이다.

그런 친구만 있다면 교학상장(敎學相長), 즉 서로 가르쳐주고 배우며 함께 나아질 수 있을 것이다. 이 셋 중에서도 가름을 한다면 정직과 믿음은 타고난 것이고, 견문은 후천적인 것이니 앞의 둘을 택하는 것이 낫다.

"오래간만에 동창회에 나갔더니 많이들 변했더군요. 저보다 공부를 못하던 친구가 대기업 상무가 되어 나타난 겁니다. 말로는 축하해줬지만 사실 좀 씁쓸하더군요."

일생에 도움이 안 되는 해로운 친구도 많다. 그 첫째는 한쪽으로 치우친 벗이다. 한쪽으로 치우치다는 것은 편벽(便僻)되었다는 말로서 마음이 삐딱하게 꼬여 있다는 뜻이다.

이런 사람은 겉으로 예의 바르고 번듯할지는 모르나 속이 꼬부장하게 비틀어져 있는 경우가 많다. 말을 섞고 만남을 지속할수록 피곤해진다. 또한 사람이나 사물을 있는 그대로 봐주지 못하고 꼭 흐트러뜨리고 만다. 언제나 분위기를 우울하게 만들고 판을 깬다. 무슨 일이든 되게 하기보다는 안 되게 만든다. 이런 친구는 멀리하는 게 상책이다.

해가 되는 친구 중 두 번째는 아첨을 잘하는 벗이다. 아첨꾼이란 상관이 방귀를 뀌면 "시원하시겠습니다"라고 아부하거나, 상대가 뭐라고 하든 그저 "옳습니다. 지당하십니다"라고만 하는 사람을 말한다. 주변에 이렇게 아첨하는 친구만 있다면 스스로 대단한 줄 착각하게 되어 결국 본인도 망하고 친구도 잃게 된다.

당장에야 부드러운 말과 표정으로 칭찬해주니 신나겠지만 우물 안 개구리처럼 우습게 되고 만다. 세상이 얼마나 넓고 인물이 얼마나 많은데, 아부나 하는 친구들이 모인 골목에서 대장 노릇이 될 말인가. 이런 친구라면 오래 사귀어봐야 아무런 보람이 없다.

해가 되는 세 번째 친구는 말을 망령되게 하는 벗이다. 말을 망령되게 한다는 것은 내용 없이 말만 번지르르하게 늘어놓는다는 뜻이다.

세상은 예나 지금이나 얼치기들이 문제다. 제대로 모르면 말을 말고 가만히 있는 것이 사는 길인데, 억지로 만들어서라도 굳이 한 말씀 하시겠다고 나서니 딱한 노릇이다.

상황에 따라 말재주만 부리는 친구가 있다면 당장에 재미있을지 모르나 결국 서로 소리만 요란한 빈 깡통이 되고 만다.

"여러 사람과 하루 종일 함께 어울리면서도 경우에 맞는 말은 하지 않고 잔머리나 굴리는 것을 좋아하는 사람은 잘되기 어려운 사람이다."

공자의 경고처럼 그런 사람이 잘될 리가 없는 것은 물론이고, 주변에 그런 친구들만 잔뜩 모여 있는 사람 또한 잘될 리가 만무하다. 잘 가려서 유유상종을 할 일이다.

●
오랫동안 뜻을 함께 하며 동행한다

선현들이 친구관계를 얘기할 때 자주 인용하는 사자성어로는 관포지교(管鮑之交), 유유상종(類類相從), 간담상조(肝膽相照), 근묵자흑(近墨者黑), 이우보인(以友輔仁) 등이 있다. 네 글자 안에 깊은 철학이 숨겨져 있으니 마음에 새겨두는 것도 좋을 듯하다. 온고지신(溫故知新)이라고 하지 않았는가.

먼저 죽마고우였던 관중과 포숙의 끈끈한 교유관계를

뜻하는 관포지교를 살펴보자. 친구를 위해 목숨을 바치거나 자리를 양보해 후세의 칭송을 받는 역사적인 예는 많지만, 관중과 포숙의 경우처럼 평생을 함께하며 서로 도움을 주는 경우는 정말 흔치 않다. 관중과 포숙의 우정은 서로 잘되는 친구 관계가 무엇인지 제대로 보여주는 귀감이다.

관중과 포숙은 어려서부터 서로의 사정을 속속들이 알고 지냈으며, 서로의 성정과 도량, 능력을 잘 알고 있었다. 하지만 안타깝게도 정치적 선택이 서로 달라 제나라의 차기 권력을 결정짓는 사생결단의 자리에서 정적의 입장이 되고 말았다. 결국 어느 한쪽이 죽어야 끝나는 권력 다툼에서 승리한 것은 포숙이었다.

포숙이 모셨던 주군은 훗날 춘추오패의 첫째 패자가 되는 제 환공이었다. 관중이 모셨던 주군이자 환공의 라이벌이었던 인물은 당연히 죽음을 당했다. 관중도 곧 죽을 목숨이었다. 그때 포숙이 환공에게 일국의 임금으로 그치려면 그를 어떻게 해도 좋지만, 천하의 패자가 되려한다면 관중을 등용해야 한다고 충언했다. 포숙은 손봐야 할 정적인 친구 관중을 오히려 재상으로 추천한 것이다. 결과적으로 관중 덕분에 제 환공은 천하의 패자가 됐다.

관중의 업적은 공자도 인정할 정도로 컸다. 공자는 "그가 없었더라면 중화 문명도 만들지 못하고 아직도 오랑캐처럼 거칠게 살고 있을 것"이라며 관중의 공을 극찬했다. 사지에서 자신을 구해주고, 출사표를 펼 기회까지 만들어 준 친구 포숙에 대해 관중은 다음과 같이 회고했다.

"내가 가난하던 소싯적에 포숙과 장사를 같이 했다. 수익을 나눌 때마다 나는 늘 더 많이 챙겼다. 그래도 포숙은 나를 욕심이 과하다고 나무라지 않았다. 가난한 내 사정을 충분히 이해해주었기 때문이다. 또 내가 사업을 하다가 실패해 곤궁해진 적이 있었다. 그래도 포숙은 나를 어리석다고 말하지 않았다. 경기의 흐름에 따라 유리할 수도 불리할 수도 있다고 여겼기 때문이다. 또 나는 세 번 벼슬길에 나섰다가 세 번 모두 쫓겨났다. 그래도 포숙은 나를 무능하다거나 부덕하다고 말하지 않았다. 내가 때를 제대로 못 만난 탓이라 여겼기 때문이다. 또

나는 전쟁에 세 번 참전했으나 세 번 모두 패전하고 도망쳐왔다. 그래도 포숙은 나를 비겁하다고 말하지 않았다. 나에게 늙으신 어머님이 계시다는 사실을 이해했기 때문이다. 공자 규가 패하고 소홀은 죽음을 당했으나 나는 사로잡혀 치욕을 당했다. 그래도 포숙은 나더러 부끄러움도 모른다고 말하지 않았다. 내가 작은 의리에 집착하기보다는 천하에 공을 세우는 큰 포부를 갖고 있음을 알고 있었기 때문이다. 그렇다. 나를 낳아주신 이는 부모님이시지만, 나를 알아준 이는 바로 포숙이다."

정말 대단한 친구 사이가 아닐 수 없다. 세상에 나서 부모에 비견할 만한 친구를 만난다면 생애 최고의 감동이 아니겠는가.

관중의 회고에 의하면 포숙의 일방적인 이해와 베풂이 관포지교를 만든 것처럼 보인다. 실제로 후세 사람들이 관중의 능력과 현명함보다 포숙의 이해력을 더 높이 평가하는 것도 사실이다. 하지만 내용을 좀 더 면밀히 들여다보면 결국은 서로 도움을 주고받았음을 알게 된다.

우선 관중은 친구의 기대 이상으로 천하에 큰 공을 세

웠다. 끝까지 믿어준 우정에 제대로 보답한 것이다. 그다음 포숙은 재상이 된 관중 아래에서 평생 봉직했다. 뿐만 아니라 포숙의 자손들은 10대에 걸쳐 모두 이름난 고위 관리를 지냈는데 그 과정에 다음과 같은 관중의 속 깊은 배려가 숨어 있었다.

관중의 죽음이 임박하자 환공이 찾아와 차기 재상 인선을 상의했다. 모두들 당연히 포숙을 추천하리라 예상했지만 관중은 포숙이 강직하여 재상 자리에 부적절하다며 다른 사람을 추천했다. 왜 그랬을까?

환공은 관중이 세상을 떠난 뒤에 관중이 절대 불가하다고 경고한 세 명의 간신을 중용했다. 그 결과 제나라는 간신배에 의해 사분오열되었으며 환공의 최후도 비참했다. 관중은 이러한 상황을 예견해 포숙을 보호하기 위해 천거하지 않았던 것이다. 그는 강직한 포숙이 간신들과 다투다 망가지게 될 것이란 걸 그 누구보다 잘 알고 있었다. 군자와 소인이 싸우면 군자가 백전백패할 것이라고 봤다.

결과적으로 관중의 배려 덕분에 포숙과 그의 집안은

무탈할 수 있었다. 포숙의 자손은 10대나 계속해서 나라의 녹을 받고 봉읍을 유지할 수 있었다. 관중과 포숙의 우정은 배려와 사양, 그리고 멀리 내다보는 혜안까지 더해져 결국 서로 도울 수 있었던 것이다.

전국시대 제나라 직하 출신의 학자이자 정치가 중에 순우곤●이란 인물이 있었다. 그는 외교에 공이 많았는데 특히 익살과 달변으로 유명했다.

하루는 제왕이 그에게 널리 인재를 구해오라고 지시했다. 그런데 순우곤이 불과 며칠 만에 일곱 명이나 되는 인재를 한꺼번에 데리고 오자 왕이 놀라 물었다.

"어떻게 귀한 인재를 이리도 쉽게 많이 모았느냐?"

"새들이 같은 종끼리 무리지어 지내듯이, 사람도 끼리끼리 어울립니다. 그 이치만 알면 인재 구하기는 강물에

● 《사기》 〈골계(滑稽)열전〉에 순우곤의 풍자와 풍간(諷諫)이 기록되어 있다. 순우곤은 제왕이 초왕에게 선물하라고 준 따오기를 성문 밖을 나서자마자 풀어서 날려 보냈다. 그러고는 빈 새장만 가지고 가서 순전히 '말'로써 외교적 성과를 낼 정도로 달변가였다. 중국이 우의의 뜻으로 천연기념물인 따오기 한 쌍을 한국에 선물하면서 따오기 외교라는 표현을 쓴 적이 있는데 이는 순우곤의 일화에서 유래한 것이다.

서 물 길어오기만큼 쉽습니다.”

《주역》에 적힌 “만물은 성질이 비슷한 것끼리 어울리고, 사람은 무리지어 산다. 길흉은 거기서 생긴다”라는 글에서 ‘유유상종(類類相從)’이라는 말이 시작되었다.

말 그대로 종류가 비슷한, 즉 성질이 비슷한 사람들끼리 어울려 지낸다는 뜻이다. 친구 한 명을 보면 나머지 친구들을 알 수 있듯 친구는 서로에게 거울이 되는 존재이니 가려서 사귀라는 뜻이기도 하다.

‘간담상조(肝膽相照)’란 사자성어도 있다. 서로 간과 쓸개를 꺼내 보일 정도로 속마음을 터놓고 지내는 친구를 이르는 말이다. 실제로 간에서 쓸개즙이 만들어지듯이 간과 쓸개가 서로 밀어주고 끌어주고 도와준다는 뜻으로 풀이할 수 있다.

또한 “강남의 귤나무를 강북으로 옮겨 심으면 탱자나무가 된다”는 속담이 있다. 공자 시대 탁월한 정치가였던 안영이 한 말이다. 그러나 안영은 외모가 왜소하고 추레하여 외교 사절로 나가 봉변을 당한 일도 여러 차례 있었고, 기발한 기지로 위기를 모면한 적도 많았다. 그는 내치와 외교에서 이룬 공이 뚜렷하고, 기지나 유머와 관련된 일화 또한 많이 남긴 매력적인 인물이다. 훗날 안자라고 칭송받으면서 그의 이름을 딴 《안자춘추》란 책이 만들어질 정도로 대단한 인물이었다. 그러나 안영과 공자의 인연은 그다지 유쾌하지만은 않았다.

안영은 제나라 경공이 공자에게 이계라는 땅을 주려 하자 공자가 허례허식을 숭상하는 이상주의자라고 하면서 가로막았다. 유능한 현실 정치가였던 안영이 보기에 공자는 그저 백면서생일 뿐이고, 그 주장대로 했다간 난세에 위아래를 보존하기 어려우리라 생각했던 것이다. 그는 결국 공자가 제대로 된 큰 벼슬할 기회를 앗아간 사람이었다. 그런 안영을 두고 공자는 '구이경지(久而敬之)'라고 말했다.

"안영은 인간관계가 참 좋다. 오래 사귀어도 여전히 함부로 하지 않고 공경하는 마음을 갖고 있다."

이 구절은 공자의 배포와 후덕함을 보여줄 뿐만 아니라 나아가 안영의 우정 유지법을 배울 수 있게 해준다. 오래 사귀어도 삼가는 자세를 견지한다는 게 실로 어려운 일이기 때문이다.

사람이란 연인 관계건 친구 관계건 오래되고 편안해지면 방자해지게 마련이다. 가까울수록 더 잘해야 한다는 진리를 알고 있지만 실상은 함부로 하는 게 보통이다. 그리고 그 방자한 태도가 수십 년 우정을 망가뜨리는 경우가 흔하다. 우정의 기본은 서로 공경하는 것이다. 세상은 친구를 만들어주지만, 친구를 확인시켜주는 것은 세월이다. 남녀 관계도 그렇다. 가까워졌다고 함부로 대하면 사랑에 금이 간다.

'친구(親舊)'란 말은 '오랫동안'이란 뜻이 강하고, '붕우(朋友)'란 말은 '뜻을 함께한다'라는 의미가 강하다. 결론적으로 친구란 오랫동안 뜻을 함께하며 동행하는 사람을 말한다.

친구란 기본적으로 유유상종하고 간담상조하는 관계다. 하지만 유유상종하고 간담상조하는 것에 그쳐서는 진정한 친구라고 할 수 없다. 붕당을 짓는다고 다 친구가 되는 것도 아니고, 영원히 간담상조할 것 같다가도 어느 순간 어긋나면 남보다 못한 사이가 되기도 한다. 간과 쓸

개처럼 서로 밀접한 관계일지라도 초나라와 월나라처럼 사이가 멀게 느껴질 수 있다는 뜻의 '간담초월(肝膽楚越)'이라는 말도 있다.

백아는 당대 최고의 거문고 명수였다. 친구 종자기는 감상의 최고수였다. 백아가 우람한 산을 생각하며 거문고를 타면 종자기는 "그 산 참으로 우람하다. 어찌 오를꼬" 하면서 응수했고, 백아가 마음에 유유히 흐르는 강을 그리며 거문고를 타면 "허어, 내 눈 앞에 강물이 참으로 유유하게 흐른다. 배 띄우고 놀아볼까"라고 호응했다.

그런데 종자기가 먼저 세상을 뜨자 백아는 거문고를 부수고 줄을 다 끊은 다음 다시는 연주하지 않았다. 자신의 연주를 알아줄 사람이 더 이상 없다고 여긴 것이다. 우리가 진정한 친구를 표현할 때 쓰는 '지음(知音)'이란 말이 여기서 나왔다. 진정한 친구가 되려면 상대의 가치를 인정해줘야 하고 지조가 있어야 한다.

단 한 번 술자리에 의기투합해 백년지기가 되는 경우도 있지만, 진정한 친구가 되려면 오랫동안 동고동락하며 단련해야 한다. 즐거움은 물론 슬픔까지 함께 나누면서 세월의 시험을 거쳐야 한다. 그리고 오랫동안 변함없이 함께하려면 서로 믿음이 있어야 하고, 서로를 인격적으로 존경해야 한다. 이것이 바로 신의와 공경이다.

살면서 위와 같은 벗을 한 명이라도 곁에 두고 있다면 참으로 축복받은 인생이라 할 만하다. 만일 없다면 지금부터라도 그런 친구를 얻기 위해, 아니 먼저 그런 친구가 되기 위해 노력해야 할 것이다. 노년에 꼭 필요한 것이 우정, 건강, 재산, 세 가지라고 하지 않는가.

6장

인정받고 싶지만
아무도 알아주지 않을 때

인정받고 싶은 욕구의
노예가 된 사람들

인간의 욕구는 먹고 자는 것에 대한 생리적 욕구를 시작
으로 위험으로부터 안전하고자 하는 욕구, 조직의 보호를
받고 싶어 하는 결속에의 욕구, 사랑받고자 하는 애정에
의 욕구, 모르는 것을 알아가는 지적 호기심과 새로운 경
험에 대한 욕구, 아름다움을 찾고자 하는 심미적 욕구, 지
식과 능력을 인정받고 싶은 욕구, 재물이나 사회적 지위
등을 획득해 안정을 찾고자 하는 욕구 등 다양하다.

　이상의 욕구들은 각각 성격이 다르기도 하지만 때로는
두세 개 욕구가 모여 더 큰 욕구로 나타나기도 하고, 생
리적 욕구 등의 기본욕구가 먼저 채워진 다음에 지적인

욕구 등의 성장욕구를 찾기도 한다. 인간은 위의 욕구들을 충족시키기 위해 행동하고, 욕구가 생각대로 채워지지 않았을 때 불행하다고 느끼게 된다.

"어릴 때부터 성공에 대한 욕심이 많았던 편입니다. 지고는 못 사는 성미였죠. 그런데 기업의 말단 부속품이 되고 나니 성미를 죽여야 살아남겠더라구요. 그 감정이 절 힘들게 합니다."

직장인들은 특히 인정욕구와 안정욕구에 목말라한다. 능력을 인정받아 이에 맞는 보상을 받고, 재물이나 사회적 지위 등을 획득해 안정을 찾고 싶어 하는 것이다. 그런데 이 욕구는 쉽게 채워지지 않는다.

능력을 인정받아야 승진도 하고 이에 따라 연봉도 올라서 안정욕구를 충족시킬 수 있을 텐데 제대로 인정받지 못해서 불만이고, 그래서 미래가 불투명하니 불안한 것이다.

나아가 인정받을 실력이라도 있으면 다행인데 그렇지

못해 벙어리 냉가슴을 앓는 사람들도 많다. 결속욕구와 안전욕구를 채우지 못할까 봐 걱정하는 것이다. 심지어 회사가 나의 존재감이나 가치를 몰라주기 때문에 쥐꼬리만 한 월급을 주는 것이고, 그래서 곧 잘릴지도 모른다는 피해망상증을 호소하는 사람들도 있다.

'아무도 나를 인정해주지 않는다. 내가 공장의 소모품에 불과한 것은 아닐까? 존재감 없는 잉여인간은 아닐까?'

그런 마음이 들면 당당하게 월급을 받을 수 없게 된다. 받으면서도 왠지 미안해지고 눈치를 보게 된다.

'혹시 사장님의 눈 밖에 나서 잘리기라도 하면 어쩌지? 차라리 잘리기 전에 자존심을 세워서 먼저 나가버릴까?' 등등 걱정이 꼬리를 문다. 자괴감, 실망감, 회의감이 밤낮으로 자신을 괴롭힌다. 모든 사람들에게 친절을 베풀어야겠다는 착한 사람 콤플렉스에 시달리기도 한다.

슬픈 현실이지만 적지 않은 직장인들이 남들로부터 인정받고 싶다는 욕구, 좋은 평판을 받고 싶다는 생각 때문에 스트레스를 받고 있다. 결국 남이 나를 제대로 알아주지 않아 화가 난다는 것이다.

무리는 아니다. 공자 역시 자신을 알아주지 않는 세상을 개탄한 바 있다. "알아주지 않는다고 하늘을 원망하지 않고, 사람을 탓하지도 않지만, 아래에서 배워서 위로 통달하니 나를 알아주는 자는 하늘뿐일 것"이라면서 안타까운 자신의 마음을 제자 자공에게 토로하기도 했다. 스스로 공부를 열심히 했고, 능력이 있다고 자신하는데 그 포부를 알아주지 않는 세상을 답답하게 여긴 것이다.

"1년만 기회를 주면 보란 듯이 뭔가를 해낼 테고, 3년이면 크게 이룰 수 있을 것"이라며 아쉬워했으며 "만일 나를 써주는 사람이 있다면 그의 나라를 (잃어버린 낙원 같은) 동방의 주나라가 되게 해줄 텐데"라고 탄식하기도 했다. 비범한 스승인 공자가 그러했는데 오늘날 평범한 직장인들이야 오죽하겠는가.

"직원과의 대화 시간이었어요. 열심히 했으니까 칭찬해달라고 단도직입적으로 요구한 적이 있어요. 그런데 되돌아온 반응은 그렇지 않았어요. 그럴 거면 왜 터놓고 말하라고 했는지 이해가 가질 않아요."

현대인들이 인정욕구로 고통을 겪는 이유는 한국의 교육 시스템 문제 때문이기도 하다. 한국의 청소년들은 어릴 때부터 명문대를 목표로 설정하라고 강요받는다.

사람마다 그릇이 다르니 적성과 실력 또한 십인십색이겠으나 학교와 부모와 사회가 같은 목표를 정해주고 그 길을 가라고 강요하니 인정욕구의 노예가 되는 것이다. 실력을 인정받지 못하면 위로 올라가지 못하고 도태되기 때문에 학생들은 기를 쓰고 공부한다. 그렇게 대학을 가고 사회에 나와 취직을 한다.

●
분수에 만족해 다른 데
마음을 두지 않는다

지금의 대한민국 젊은이들은 대기업 샐러리맨이 되기

위해 초등학교 때부터 달려가고 있는 것처럼 보여 쓸쓸하다. 적어도 30년 이상을 직장인으로 살아가야 하는데 자신의 꿈과 적성을 고려하지 않는 것 같아 지극히 우려된다.

모든 것이 불확실한 세상이니 우선 큰 회사의 처마 밑으로 들어가 비를 피해야 한다고 생각하는 것은 어쩔 수 없는 인지상정이다. 상대적으로 월급도 많고 몸도 편하니 들어갈 수만 있다면 들어가고 싶을 것이다.

하지만 대기업은 결코 우리를 100퍼센트 인정해주는 곳이 아니다. 평생 직장의 개념이 사라졌기 때문에 더 이상 든든한 보험이 아니며, 영원히 비를 피할 수 있는 처마 밑도 아니다. 대기업 직원이 되었다고 해서 마음껏 자아를 실현하고, 자존감을 충족시킬 수 있을 것이라고 생각하면 오산이다. 또다시 문제의 인정욕구가 기다리고 있기 때문이다.

대기업에는 이미 좁은 관문을 통과한 사람들만 모여 있다. 팀장은 과장에게 과장은 부장에게 부장은 상무와 사장에게 인정받으려 노력한다. 그렇게 승진 스트레스에

피가 마른다.

나름대로 능력껏 '최선'을 다했는데도 불구하고 회사는 이를 인정하지 않는다. 회사에서는 무조건 '최고'의 성과만을 요구하기 때문에 직장인들은 진이 빠진다. 노력을 인정받지 못한 것도 서러운데 부족하다고 더 뛰라고까지 한다.

이것이 직장인의 숙명이다. 최선이나 차선에 만족하는 회사는 어디에도 없다. 회사는 항상 최고의 결과물을 원한다. 회사라는 피라미드는 그 구조가 피라미드 중에서 가장 가파르고 첨예하다.

"목구멍이 포도청이니까요. 그러니까 군소리 하지 않고 견디는 겁니다. 뚜렷한 비전이 있어서 출근하는 것은 아니에요."

좋은 결과물을 내놓지 못해 인정받지 못하는 직장인은 바닥으로 떨어진 자존심을 회복하기 위해 열심히 노력해보겠지만 이는 마음에서 우러나는 것이 아니다. 그러다 보니 실패가 점점 더 두려워진다.

실패 때문에 인정받지 못할까 두려워 결국은 사소한 도전조차 하지 않게 된다. 그렇게 미래는 점점 불투명해진다. 사실 성공보다 실패에서 배우는 것이 더 많은데도 말이다.

머리가 복잡해지니 일이 잘될 리 없고, 일이 잘 풀리지 않으니 다시 인정받지 못하는 악순환이 시작된다. 당연히 동료들과의 관계에도 문제가 생긴다. 동료들과 사이가 좋지 않으니 신뢰도 얻지 못하게 된다. 회사에 대한 불평을 늘어놓으며 일을 하니 회사가 나를 알아줄 리 없고, 그러니 '쥐꼬리만 한 월급'을 받게 된다.

이런 상황에 처하면 학창시절 내내 한 번도 제대로 생각해본 적 없는 '내 꿈'을 찾아다니느라 시간을 허비하게 될 것이다. 안분지족하지 않고 다른 회사의 친구와 자신을 비교하느라 마음을 빼앗기다가 '더 좋은 조건'의 회사를 찾아 촉각을 곤두세우는 샐러리맨의 불행을 겪게 된다.

돈벌이의 수단으로 다니는 회사에서 자아실현을 기대

할 수는 없다. 그러니 출근하기가 싫고, 하루가 지겹고, 길게만 느껴질 것이다. 이직에 대한 생각만 머리에서 맴돌게 된다. 슬픈 현실이다.

이것이 남의 평판이나 신경 쓰면서 시작된 소인배의 악순환이다. 신뢰로 시작되는 군자의 선순환과 정반대다. 비극은 이렇게 시작된다. 인정욕구에 대한 불만족은 스스로 삶의 만족도를 떨어뜨리게 된다. 불만은 천 가지가 넘고 불평은 만 가지가 넘는다. 해도 해도 끝이 나지 않는 비극적 악순환이다.

●
내 인생의
주인으로 거듭나는 법

지금의 직장인들이 불확실성의 시대에 살면서 불투명한 미래를 향해 걸어가고 있기 때문에 힘들어하는 것만큼은 사실이다.

실력을 알아주지도 않고, 언제까지 직장 생활을 할 수

있을지도 모른다. 게다가 돈을 모아도 제대로 결혼이나 할 수 있을지, 집 한 칸은 장만할 수 있을지 없을지 모르기 때문에 그들은 힘들다. 이루어놓은 이렇다 할 업적도 없이 곧 은퇴할 때가 올 것 같아 불안하다.

그렇다고 해서 중도에 주저앉을 수는 없다. 또 그래서도 안 된다. 확실성을 높이는 가장 좋은 방법은 확실한 것을 믿고 투자하는 것이다. 나만큼 나를 잘 아는 이가 없으니 가장 확실한 투자처는 바로 자기 자신이다. 나를 100퍼센트 진심으로 인정해주는 사람은 나 자신뿐이며, 내가 포기하지 않는 한 나라는 존재는 결코 나를 배신하지도 않는다. 따라서 나를 믿는 것이 미래에 대한 가장 확실한 투자라고 할 수 있다.

죽어버린 자신의 꿈을 찾아 거기에 생명력을 불어넣자. 그리고 "나는 나일 뿐이다"라는 정신으로 무장해보자. 남의 이목을 신경 쓸 시간에 자신이 가지고 있는 장점을 찾아내서 인정하고 이를 지속적으로 발전시키자. 주위의 평가보다 스스로를 믿고 걸어가보자. 누가 뭐라든지 나는 나만의 길을 걷겠다는 확고한 의지를 갖는 것이다.

그런 강한 의지도 없이 남들 따라 물결(stream)에 휩쓸려 다니다 보면 주류(main stream)가 되기 전에 힘이 빠져 익사할지도 모른다. 그러니 줏대를 가져야 한다. 남들로부터 인정받지 못하더라도 결코 슬퍼하거나 노여워하지 않는 뚝심 말이다.

다른 사람에게 인정받는다는 것은 분명 기분 좋은 일이다. 하지만 '인정'이란 상대적인 것이다. 타인의 평가가 언제나 절대적으로 옳은 것은 아니다. 그렇기 때문에 당장 인정받지 못한다고 하더라도 힘이 빠지거나 분노할 이유가 없다. 마찬가지로 나보다 못났다고 생각되는 사람이 인정을 받는다고 해서 타인의 성공을 부정해서는 안 된다.

'인정받지 못한다고 불평불만을 늘어놓을 시간에 실력이 없음을 스스로 인정하고 실력을 쌓자. 지금 여기가 아닌 다른 곳에서도 어차피 실력은 필요하니까. 현재의 자리에서 최선을 다하자. 그것이 실력을 쌓는 가장 좋은 방법이다. 심지어 월급까지 받으면서 경력을 쌓으니 얼마나 좋은가. 언젠가 빛을 볼 날이 올 것이다. 그러니 준비된 사람이 되자. 묵묵히 내 길에 충실하자. 일자리를 구걸하러 다니는 것이 아니라 제발 일하러 와 달라고 스카우트 제안을 받을 수 있도록 미리 준비하자. 우선 나를 믿자. 우선 나부터 나를 인정해주지 않으면 누가 나를 인정해주겠나.'

혹시 남을 위해 회사에 다니고 있는 것이 아니라면 이렇게 생각해보는 것은 어떨까? 바로 내 인생의 주인이 되는 주인의식을 갖는 방법이다.

'까짓것, 인정받지 못해서 해고당하면 어때? 오히려 회사가 손해지. 나는 집에 가면 사랑하는 가족도 있고, 주위에 응원해주는 친구도 많아. 그러니 당당하자. 나 자신을 믿자고. 만일 잘리더라도 다시 시작할 수 있는 자신감이 있잖아. 그러니 남들로부터 인정 한번 받아보려고 비굴해지지는 말자. 오히려 그런 인재를 알아보는 능력을 키워서 훗날 창업하면 발탁하자.'

위 두 생각의 공통점은 긍정적 사고다. '어떻게든 되겠지. 나는 무조건 잘될 거야'라는 식의 근거 없는 자신감이나 막연한 낙관론이 아니다. '쉽지는 않겠지만 다음에는 분명 잘될 거야'라는 긍정적 사고에는 언제나 저력이 있다.

자신의 현실(능력 부족이나 실패)을 직시하고 다시 시작할 수 있는 힘. 넘어졌다고 주저앉지 않고 자신을 믿고 다시 일어서는 힘. 다시 시작할 수 있는 힘. 그것이 바로 긍정의 힘이다. 이런 힘이 있다면 타인의 시선 따위는 문제가 되지 않을 것이다.

불환인지불기지 환부지인야 不患人之不己知 患不知人也
남이 알아주지 않는 것을 근심하지 말고
내가 알아보지 못하는 것을 근심하라

《논어》에는 "남이 나를 알아주지 않아도……"라는 문장이 자주 나온다. 제일 첫 구절에 나오는 세 문장 중 마지막이 "남들이 나를 알아주지 않아도 화내지 않으면 그 또한 군자가 아니겠는가"였으며 그 이후로도 "남이 나를 알아주지 않는 것을 걱정하지 말고, 내게 능력이 없음을 걱정하라", "남이 나를 알아주지 않는 것을 걱정하지 말고, 남이 알 수 있도록 갖춰야 한다", "군자는 능력이 없는 것을 근심하지 남이 자신을 알아주지 않는 것을 근심하지 않는다" 등의 표현이 계속해서 나온다. 그만큼 공자가 제자들에게 자주 강조했다는 뜻이다.

"군자는 죽어서 이름을 내지 못할까 걱정한다"고도 했지만 뜻을 펴지 못해 서럽다며 세상을 원망하거나, 술이나 마시고 한탄만 하거나, 싼값에 자신을 팔아버리는 등 막무가내식 선택을 하지는 않았다.

오히려 흔들리지 않고 더 중심을 잡았다. 더욱 발분하여 자신을 닦고, 더 잘할 수 있는 일을 찾아 전념했다. 제자들에게도 세상을 원망할 시간에 공부에 매진하라고 충고했다. 모르는 것이 있다면 부끄러워하지 말고 아랫사람에게라도 물으라고 했다. 자리에 욕심을 내기에 앞서 자신이 하고자 하는 일에 맞는 자질과 역량을 먼저 갖추라고 했다.

공자처럼 자신의 능력 없음을 인정하고 괴로워할 뿐,

남이 나를 알아주지 않는 것에 괴로워하지 않는 마음, 자신의 능력이 부족함을 먼저 인정하는 것이 진정한 성공의 출발점이다.

"남이 나를 알아주지 않아도 실망하지 말라. 오늘 최선을 다하라. 정말 그렇게 행동하면 발전과 성공이 있을까요?"

인정욕구로부터 시작된 소인배의 비극적 악순환을 종식시키는 또 다른 좋은 방법은 오늘 하루 주어진 시간에 최선을 다하는 것이다.

투덜거리며 이직을 생각하기 전에 오늘의 업무에 최선을 다해보자. 어쩌면 이것이 우리가 할 수 있는 유일한 방법일지도 모른다.

《중용》23장의 말처럼 하찮아 보이는 일조차 기쁜 마음으로 최선을 다하고, 오늘 할 일을 땀 흘려 끝마치고 내일을 맞이하자. 남이 알아주지 않아도 내 할 일을 하면 된다.

물론 열심히 살았던 오늘 하루가 당장 인생을 바꿔놓지는 않을 것이다. 인생을 온전히 혼자만의 힘으로 조절하기가 어디 쉽겠는가. 돌발변수도 많고, 혼자만 사는 세상이 아니기 때문에 나만 열심히 노력한다고 해서 목표가 달성되는 것도 아니다.

그러나 열심히 일한 오늘 하루가 모여 한 달이 되고, 일 년이 되어 인정도 받고 승진도 하게 된다는 것만큼은 확실하다. 포기하지 않는다면 노력은 분명 헛되지 않을 것이다.

오늘이 마치 마지막 날인 것처럼 열심히 일하고, 사소한 일도 챙기고, 동료들과 좋은 관계를 유지하는 사람들을 두고 우리는 직장의 신이라 부른다.

아직 늦지 않았다. "나무를 심어야 할 가장 좋은 시기는 20년 전이었다. 그다음으로 좋은 시기는 바로 지금"이라는 아프리카 속담을 명심하기 바란다.

호연지기 浩然之氣

하늘과 땅 사이를
가득 채울 수 있는 기운

공손추(公孫丑)가 맹자에게 물었다.

"감히 묻겠는데, 무엇을 호연지기(浩然之氣)라 합니까?"

맹자가 말했다.

"대답하기 어렵다. 그 기란 지극히 크고 지극히 강하다. 바르게 길러 상하지만 않게 한다면 하늘과 땅 사이에 가득 차게 될 것이다. 그 기란 정의와 정도에 합치되는 것으로서, 그것이 없으면 시들어버린다."

《맹자(孟子)》의 〈공손추〉에 나오는 말로 호연(浩然)은 큰 물줄기가 힘차게 내려가는 모습을 그린 의태어이고, 호연지기는 그런 너르고 힘찬 기운이다. 맹자는 "흔들리지 않는 굳센 마음을 얻기 위해서는 호연지기를 기르는 것이 필요하다"고 했다.

호연지기란 의와 도를 통해 키워가는 것으로 하늘과 땅 사이를 가득 채울 수 있을 만큼 거침없이 넓고 큰 기개라는 뜻이다.

이는 무엇에 얽매이지 않는 자유롭고 유쾌한 마음을 뜻하기도 한다. 하지만 진취적 기상의 바탕이 되는 힘이지 괜히 허풍이나 떨고 허세나 부리는 것이 아니다.

호연지기란 도덕적 자신감이 있어야 하는 정신이다. 평온하고 너그러운 화기(和氣)가 도덕적으로 무장해 큰 용기가 된 것을 이른다. 공자의 원대한 포부와 넉넉한 인품, 그리고 당당한 기운을 표현하기에 호연지기만 한 것이 없다고 하겠다.

누구나 가슴에 호연지기를 꿈꾸는 우람한 고래 한 마리씩은 키워가야 한다. 존재감이 없다고 속상해할 때가 아니다. 존재감이란 이 세상에 존재하고 있는 나 스스로 만드는 것이다. 누군가 대신 만들어주는 것이 아니다.

다른 사람이 나를 인정하고 존재감을 만들어주기만 기다리는 사람들의 공통점은 불만이 많다는 것이다.

사람은 살면서 누구나 좋은 시절과 힘든 시절을 겪는다. 그것이 인생이다. 그런데 이를 대하는 태도는 사람마다 다르다. 호연지기를 키우며 사는 사람은 인생의 파도를 잘 타고 넘으면서 즐기지만 그렇지 않은 사람들은 고통에도 쉽게 주저앉고 만다. 거친 파도 역시 잔잔한 파도와 마찬가지로 지극히 정상적인 인생의 한 부분인데, 유독 자기 자신만 비정상적인 상황에 처해 있다고 여기는 것이다.

모든 상황은 생각하기 나름이다. 너르고 힘찬 기운을 갖고 살아야 할 것이다.

사람 노릇에
필요한 돈은 얼마일까

사즉불손 검즉고 奢則不孫 儉則固

사치스러우면 교만해 보이고
검약하면 초라해 보인다

성인이 되면 당연히 생산적인 삶을 살아야 한다. 생존과 생활을 위해 누구라도 예외 없이 일을 해야 한다. 우리 모두는 돈을 벌어야 한다.

20~30대라면 독립과 결혼을 위해 돈이 필요하고, 40~50대라면 자녀교육과 노후를 위해 돈을 벌어야 한다. 100세 시대를 맞이한 지금은 60~70대에도 수입이 있어야 한다. 그런데 문제는 아무리 열심히 벌어도 늘 부족하게 느껴진다는 점이다.

공자는 "군자는 먹는 데 배부름을 구하지 않는다"고

했다. 또한 "교만하게 보이느니 차라리 초라하게 살겠다"고까지 했다. 그런데 그 먹고살 만큼이라는 기준은 도대체 얼마일까? 사람 구실이 가능한 수준의 돈이 정해져 있기라도 한 것일까?

세상에 표준이 되는 인생이란 없다. 모범 답안 같은 인생은 어디에도 없다. 다변화된 현대 사회에서 몇 살에는 결혼을 하고, 몇 살에는 승진을 하고, 또 몇 살에는 몇 평짜리 집을 산다는 식의 획일적인 잣대는 의미가 없다. 신문 지상에 오르내리는 도시 근로자 월평균 수입이 얼마라든가, 강남 3구의 전셋값이 얼마라든가, 초등학생 평균 학원비가 얼마라는 식의 잣대로 자신을 평가할 필요도 없다.

그보다는 획일적이고 강요된 사회적 규범에서 벗어나 자신의 꿈을 찾아 사는 것이 자기만족이고 그것이 나만의 행복이 아닐까 싶다. 돈을 좇아 선택한 직업은 결코 행복을 가져다주지 않는다. 사람이 자기 그릇만큼의 욕망을 가져야 하는데 가진 능력보다 과한 욕망을 품으면 그 간극을 메우려다가 진이 빠지게 마련이다.

종오소호 從吾所好

돈이 아니라
좋아하는 일을 좇아라

공자는 이렇게 얘기했다. "만약 재산이라는 것이 구해서 얻는 것이라면 시장에서 채찍 잡고 문 지키는 졸개 노릇이라도 하겠지만, 구한다고 얻는 게 아니라면 차라리 나 좋아하는 일이나 하겠다."

공자는 어려서부터 험한 일을 많이 경험했다. 능한 것이 많아 성자 같아 보인다는 사람들의 칭찬 앞에서 "나는 어렸을 때 미천했기 때문에 비천한 일을 할 줄 아는 것이 많다"고 얘기할 정도로 궂은일을 많이 했다.

그런 공자가 '아랫것들'의 험한 일을 해서라도 돈이 된다면 그렇게 하겠지만 그런 일로 대단한 돈을 벌 수도 없고, 그나마 그런 일에 목숨 걸고 나서고 싶지도 않으니 괜한 돈벌이에 미련을 갖지 말라고 충고한 것이다.

그보다는 차라리 좋아하는 일이나 하겠다고 했다. 일단 글자 그대로의 해석은 그렇다. 하지만 이 말의 진의는 굳이 시장에 나서서라도 돈을 벌겠다는 앞부분보다는, 차라리 자신이 좋아하는 일이나 하겠다는 뒷부분에 있다. 이것이 종오소호(從吾所好)의 가르침이다.

하고 싶은 일, 즐거운 일을 해야 인정받기 쉽다. 억지로 하는 일이 잘 될 리가 없고, 남이 시켜서 하는 일을 즐겁게 하는 사람은 없다. 누구나 알아주는 스페셜리스트가 되는 방법은 잘하는 일을 하는 것이다. 그게 삶의 지혜다.

종오소호에 담긴 공자의 진심은 재물과 높은 자리도 추구할 만한 가치가 있지만, 그보다는 내면의 덕을 쌓아 세상을 구제하는 일에 전념하고 싶다는 뜻이다. 그런 뜻은 "가난하더라도 즐길 줄 아는 사람이 군자다"라는 말 속에 이미 들어가 있다. 도에 뜻을 둔 군자라면 허름한 옷과 거친 음식을 부끄러워할 이유가 없다는 것이다. 남의 시선에, 남의 평가와 인정에 연연할 필요가 없다는 뜻이다. 또한 우도불우빈(憂道不憂貧)이라 하여 "군자는 도를 추구하는 데 애쓰고 먹는 문제에 애쓰지 않는다"고 했다.

베풀지만 허비하지 않는 균형 감각

제자 자공이 공자에게 물었다.

"만일 백성에게 널리 베풀고 많은 사람들을 구제할 수 있다면 어떻겠습니까? 어진 사람이라고 할 수 있겠습니까?"

그러자 공자는 "어찌 어진 사람일 뿐이겠는가? 반드시 성인이라 할 수 있을 것이다"라고 답했다.

공자의 제자 중에 자화라는 부자가 있었다. 하루는 그가 제나라에 사신으로 갔는데 당시에 스승의 집안 살림을 맡아보던 염유라는 제자가 자화의 어머니를 생각해서 곡식을 보내주자고 요청했다. 하지만 공자는 반대했다.

"자화가 제나라로 떠날 때 살찐 말이 끄는 수레를 타고 가볍고 따뜻한 가죽옷을 입었다. 내 듣기로 군자는 다른 사람이 곤란할 때 도와주는 것이지 부자가 더 부유해지게 보태주는 것은 아니라고 하더구나."

이는 또한 제자 자장이 공자에게 정치에 관해 물었을

때 "군자는 은혜롭게 베풀지만 허비하지 않는다"고 했던 말과 같은 맥락이다. 그런가 하면 공자가 노나라의 관직에 있을 때 원사라는 가난한 제자가 있었는데, 공자는 스승으로서 제자의 생계에 도움을 주기 위해 집안일을 총괄하는 직책을 맡기고 봉록으로 곡식 구백을 주었다. 그런데 원사는 스승이 주는 넉넉한 녹봉을 사양했다. 그러자 공자가 얘기했다.

"사양하지 말고 받아라. 많다고 생각되면 이웃과 마을 사람들에게 나눠주면 되지 않겠느냐."

이는 공자의 균형 감각을 잘 보여주는 일화다. 부유한 제자에게는 보통 이하로 비용을 지불하고, 가난한 제자에겐 보통 이상으로 비용을 지불해 높낮이를 가지런히 고르려는 균등함에 대한 의지가 들어 있다.

이런 일도 있었다. 제자 염유가 노나라의 실력자인 계씨(季氏)의 재정을 담당하고 있었는데, 욕심 많은 부자인 계 씨가 농지세를 더 받아 자신의 부를 키우려 했다. 다만 명분을 쌓기 위한 절차로 염유를 공자에게 보내 동의를 받고자 했다. 하지만 공자는 응대하지 않았다.

현직에 있는 제자가 주군의 명으로 세 번에 걸쳐 의향을 확인했으나 공자는 입을 열지 않았다. 농민을 더 수탈하는 것도 반대했지만 이미 다 정해놓고 자신의 동의를 구하는 형식에도 반대했기 때문이다. 답답해진 염유가 관리로서가 아니라 제자로서 선생님의 의사를 알고 싶다고 간청하자 공자는 진작 하고 싶었던 마음속의 말을 꺼냈다.

"세금을 거둘 때는 농민에게 부담이 되지 않을 정도로 가볍게 해야 한다. 실력자가 제 욕심대로 하고 싶어 토지세를 신설한다 해도 금세 또 부족하다고 여겨 다른 짓을 할 것이다. 그런데 굳이 나에게 물어볼 게 뭐 있느냐."

그럼에도 계 씨는 결국 조세 부담이 두 배로 늘어나는 전부법(田賦法)을 시행했다. 공자는 자신의 제자인 염유가 염치없이 앞장서 세금을 수탈해 계 씨를 더욱 부유하게 만든 것에 대해 크게 화내며 "염유는 우리 사람이 아니다. 제자인 너희들이 북을 울려 성토해도 괜찮다"라고 했다. 이 일화는 훗날 허물을 범한 사람을 여럿이서 북을 울리며 책망한다는 명고공지(鳴鼓攻之)라는 고사성어의 유래가 됐다.

공자의 제자를 흔히 3000 제자라고 하는데, 이는 명백히 과장된 숫자다. 여러 문헌으로 보아 직접 배운 제자는 70명 정도가 아닐까 싶고, 구체적인 행적이 기록된 인물은 23명에 불과하다. 그중 나이로 보나 스승에 대한 충성도로 볼 때 으뜸 제자는 단연 자로다.

자로는 공자가 뜻을 펼치지 못해 상심한 나머지 바다 건너 이민이라도 가고 싶다고 했을 때 끝까지 따라가겠다고 나섰고, 스승의 일이라면 물불을 가리지 않고 앞장섰던 무골풍의 인물이다.

스승과 제자라고 하지만 실제 나이 차가 별로 나지 않았고, 공자 자신도 제자라기보다는 오히려 친구이자 비판자로 대우했다. 기질은 많이 달랐지만 둘은 서로 인간적으로 아주 끈끈한 유대의식을 느꼈다. 다만 자로가 워낙 강직하고 직선적이어서 공자는 그가 지나치게 용감한 게 걱정이라고 하며 제명에 죽지 못할 것이라 우려했다. 결국 자로는 정치적 사건에 연루되어 분투하다 공자보다 1년 먼저 전사했다.

자로만큼은 아니지만 염유도 초기 제자 가운데 가장 우수한 인재 중 하나였다. 염유는 굳세고 끌끌했던 자로 와는 대조적으로 조심스럽고 영리했다. 공자는 지나치게 급하고 격한 자로는 과도한 열정을 낮춰주는 방향으로 지도했고, 매사 정열이 부족하고 이리저리 재는 염유는 자신감을 불러일으켜주는 방향으로 지도했다.

　명분을 중시하고 과감했던 자로나 속은 꽉 찼지만 아 둔한 것처럼 보였던 안회와 달리 염유는 냉정하게 이해 타산을 따져서 움직이는 약삭빠른 사람이었다. 정치적 야심도 있었다. 그래서 스승의 추천으로 실력자 계 씨의 참모가 되었지만 금세 자신의 출세를 위해 공자보다는 계 씨가 더 유력하다고 판단, 계 씨의 전횡에 적극 앞장 서게 된 것이다. 그런 염유가 세금 인상과 관련해 백성 편이 아니라 권력자 편을 들자 공자는 심한 불만을 느껴 파문하기에 이른다.

　사실 사회의 구성원 대부분은 소인이다. 우리 모두는 이해관계를 우선하며 사는 범인들이다. 반면 소수의 군자 는 의로움을 모든 행동의 기준으로 삼는다. 공자는 '의리

⟨義利⟩ 이분론'을 말했는데, 사회지도층은 손해를 보더라도 의로움을 기준으로 살고 일반인들에게는 이로움이 되도록 해주어야 한다는 뜻이었다. 노블레스 오블리주의 고전 버전이라 할 수 있겠다.

여기서 말하는 지도층이란 반드시 높은 지위를 가진 인사만을 이르는 것은 아니다. 높은 지위라기보다는 오히려 도덕적 소양을 갖춘 군자를 말한다.

우아한 사회란 군자의 자격을 구비한 인사들이 본을 보이며 이끌고 가는 사회다. 하지만 현실은 소인들이 좋은 자리를 차지하고 설치는 경우가 많다. 소인이 자신의 자질이나 능력보다 넘치는 자리를 탐하는 것은 본인에게도 버거운 노릇이고 사회에도 해악이 아닐까?

모름지기 군자의 소양을 갖춘 인물이 적절한 자리에서 사양하고 배려하는 태도를 유지하는 것이 바람직하다. 독식하겠다며 사리사욕을 채우는 소인이 아닌, 남을 먼저 배려하여 함께 부유해지려는 군자가 지도층이 되는 사회가 바로 살 만한 사회다. 남을 배려하고 사양할 줄 아는 군자가 많은 사회는 적어도 천민자본주의로 흐르지는 않으니까 말이다.

●
견리사의見利思義

이익에 앞서
의로움을 생각하라

"견득사의(見得思義) 견리사의(見利思義)."

공자는 얻을 것이 생기면 옳은지 생각하고, 이해관계를 보면 먼저 정의로움을 생각하는 태도를 가져야 한다고 했다. 편법을 쓰지 않아야 사회가 화합된다고도 했다.

'을'에게 접대를 받는 '슈퍼 갑'의 위치에 있는 사람도 있을 것이다. 거래처로부터 선물을 받으면서 편의를 봐달라는 부탁을 받는 이도 있을 것이다. 그럴 때면 그 돈이 어떻게 내게 영향을 미칠지 생각해야 한다. 누군가 검은 돈을 들고 오거든 딱 한 가지만 판단하자. 이 돈으로 내 아이에게 먹을 음식을 사주면서 당당할 수 있는가. 이 돈을 부모님께 용돈으로 드리면서 착한 아들딸이라고 칭찬을 들을 자신이 있는가. 낯부끄럽지 않을 자신이 있는가.

곤궁하다고 해서 덥석 검은 돈을 받으면 그 돈이 결국 나를 망가트리고, 회사를 곤경에 처하게 하고, 업무에 따라서는 누군가를 파멸로 몰고 가는 독이 될 수도 있다. 정당한 방법으로 얻는 부가 아니라면 돈의 노예가 되기 쉬우니 조심해야 한다.

공자는 "군자라야 곤궁함을 견딜 수 있다. 소인은 곤궁하면 함부로 하게 된다"고 했다. 나아가 공자는 부귀와 빈천에 대해 다음과 같이 말했다.

"부유한 것과 귀하게 되는 것, 이것은 사람이라면 누구나 다 바라는 바다. 하지만 정당한 방법으로 얻은 것이 아니라면 누리지 말아야 한다. 가난한 것과 비천한 것, 이것은 사람이라면 누구나 싫어하는 것이다. 하지만 정당한 방법으로 버릴 수 없다면 버리려고 해서는 안 된다."

우선 정당하게 얻은 것이라면 부귀를 누리라고 말했다. 정당한 수단으로 획득한 재물과 지위는 누려도 된다는 것에 공자의 상식이 있다. 그리고 나라에 도가 있는데도 가난하고 천한 것은 부끄러운 일이라고 했는데, 이는 정의로운 나라에서 가난하고 천하다는 것은 결국 자신이 노력을 게을리했다는 것이니 부끄러워해야 한다는 뜻이다.

여기서 주목할 점은 부당한 빈천이라도 감내하라는 말이다. 늘 정의로움을 강조한 공자가 왜 부당함에 항거하지 않고 받아들이라고 했을까? 잠시 다른 일화를 살펴보자.

공자는 원한을 덕(德)으로 갚는 것이 어떠냐는 질문에 의외의 답변을 한 적이 있다. 좋은 마음이라며 칭찬을 해준 것이 아니라 "그렇다면 덕은 무엇으로 갚으려는가? 원한은 정직하게 갚고, 덕은 덕으로 갚으라"고 말했던 것이다.

이것이 공자의 정의관이다. 자칫 각박하게 들릴 수 있지만 갚아야 할 원한은 갚아야 한다고 할 정도로 정의를 강조했던 공자가 빈천에 대해선 너그러운 태도를 보인 이유는 이렇다.

가난하고 천한 것은 설령 그것이 부당하더라도 기꺼이 감당할 이유가 있다는 말은 젊어서 고생을 해본 사람만이 이해할 수 있는 경험담이다. 세상에는 머리나 이론만으로는 도저히 이해할 수 없는, 그래서 반드시 직접 겪어 봐야만 알 수 있는 일들이 많다.

공자는 젊어서 고생을 해본 사람이다. 경제적으로 답답하고 불우한 세월이 정신을 단련시킨 사실을 경험으로써 터득했다. 물질과 정신 사이의 모순적 역설을 잘 이해하고 있었기 때문에 공자는 빈천도 감내할 가치가 있다고 말한 것이다.

"젊어서 고생은 사서도 한다"는 속담이 바로 그 뜻이다. 고생을 사서라도 하라고 하는 이유는 바로 그 경험이 곧 나를 키워줄 재산이 되기 때문이다. 세상에 둘도 없는, 유일하게 나만 소유한 아주 값진 재산 말이다.

●
범려 그리고
와신상담의 교훈

범려(范蠡)는 중국인들이 존경하는 역사적 인물 중 한 명이다. 그는 춘추시대 말기의 정치가로서 월나라 왕 구천

(句踐)을 도와 오나라 왕 부차(夫差)를 이긴 정치인이자 지략가였다.

그가 중국인들의 롤 모델로 존경받는 이유는 일에서나 남녀 문제, 그리고 돈 문제에 있어서 모두 성공했고, 인생의 매듭마다 떠날 때를 잘 알고 아름답게 떠났기 때문이다.

범려와 관련된 전설적인 일화들은 워낙 무궁무진해 숱한 작품에서 각색됐지만 정사의 기록은 사마천(司馬遷)이 쓴 《사기(史記)》의 〈화식열전(貨殖列傳)〉에 있다.

화식(貨殖)은 재산이 불어난다는 뜻으로 재산을 증식시킨 사업가들의 행적을 기록한 것이 바로 〈화식열전〉이다. 농업을 중시하던 당시 사회에서 일부러 상공업으로 거부가 된 경제인들을 발굴해 열전에 기록한 사마천의 용기와 혜안이 돋보이는데, 서문에 이런 구절이 있다. 한가한 소리나 해대며 빈둥거리는 한량들에게 내리는 준엄한 죽비 같은 일갈이다.

"내내 가난하고 비천하게 살면서 인의도덕을 논하기만 즐기는 것은 부끄러운 일이다. 집은 가난하고, 부모님은 연로하시고, 처자식은 밥도 못 먹는 지경이며, 명절이 되어도 조상께 제사도 못 지내는 형편인데도 스스로 부끄러워하지도 않는다면 그런 인간들에겐 더 이상 할 말이 없다."

〈화식열전〉 중에서도 단연 돋보이는 인물이 바로 범려다. 그가 활동하던 춘추시대 말, 오나라와 월나라는 대대로 앙숙이었다. 오나라왕 합려(闔閭)는 월나라 정벌을 위해 원정에 나섰다. 이 전쟁에서 합려는 구천의 계략에 빠져 패하고 자신은 화살을 맞고 퇴각하게 됐다. 결국 전쟁에서 입은 상처로 죽게 되자, 합려는 아들 부차를 불러월나라에 복수할 것을 유언으로 남겼다.

합려가 죽은 후 왕이 된 부차는 가시가 많은 장작 위에 자리를 펴고 자며, 방 앞에 사람을 세워두고 출입할 때마다 "부차야, 아비의 원수를 잊었느냐!" 하고 외치게 했다. 이것이 장작 위에 누웠다는 의미의 와신(臥薪)이다.

이 소식을 들은 월나라 왕 구천은 기선을 제압하기 위해 오나라를 먼저 쳐들어갔으나 대패하고 오히려 월나라의 수도가 포위되고 말았다. 싸움에 패한 구천은 얼마 남지 않은 군사를 거느리고 회계산에서 농성을 했으나 견디지 못하고 오나라에 항복했다. 포로가 된 구천과 신하 범려는 3년 동안 부차의 노복(奴僕)으로 일하는 등 갖은 고역과 모욕을 겪었고 월나라는 영원히 오나라의 속국이 될 것을 맹세하고 목숨만 겨우 건져 귀국했다. 치욕을 맛본 것이다.

구천은 고국으로 돌아오자 잠자리 옆에 항상 쓸개를 매달아놓고 앉거나 눕거나 늘 이 쓸개를 핥아 쓴맛을 되씹으며 "너는 회계의 치욕을 잊었느냐"며 자신을 채찍질했다. 이것이 쓸개를 맛본다는 의미의 상담(嘗膽)이다. 목적을 달성하기 위해 어떤 고난도 감수하는 것을 뜻하는 와신상담(臥薪嘗膽)은 여기서 유래한 말이다.

구천이 오나라를 정복하고 부차를 생포해 자결케 한 것은 그로부터 20년 후의 일이다. 결국 쓸개의 쓴 맛을 참고 이겨낸 구천이 최후의 승자가 된 것이다.

범려는 친구 문종과 함께 월나라를 당대 패자의 하나로 키웠고, 오나라에 패한 이후에는 임금인 구천을 수행하면서 수년 동안 포로로서 곤경을 함께 겪었다. 구천이 갖은 곤욕을 치르는 동안 범려는 애인 서시(西施)를 미인계로 활용해 부차의 마음을 사기도 했다. 그리하여 결국 구천이 재기해 부차를 이기도록 만들었다.

여기까지만 해도 범려의 정치인으로서의 능력과 지략가로서의 역량, 충성스러움은 충분하다 할 수 있다. 그러나 그의 통찰과 지혜는 그 이후의 행보에서 더 잘 드러난다.

토사구팽(兎死狗烹)이라는 말은 토끼 사냥이 끝나면 사냥개는 잡아먹힌다는 뜻으로 개국공신들이 숙청당하거나 실컷 이용만 당하다가 필요가 없어져 내쳐질 때 쓰인다. 보통 초한 전쟁이 끝나고 한신이 유방에게 죽음을 당하면서 사용한 것으로 알고 있지만 사실 이 말을 가장 먼저 쓴 사람은 범려였다.

그는 임금 구천이 시원하게 복수할 수 있게 도운 다음 친구 문종에게 떠날 때가 됐다고 하면서, 구천은 어려움은 함께할 수 있지만 즐거움을 함께할 수 있는 사람은 아니라고 충고했다. 고난은 나누어도 영화는 함께 나누지 못할 군주가 최전성기를 누리고 있을 때 그 옆에 있는 것은 위험하다는 사실을 알고 있었던 것이다. 결국 범려의 만류에도 설마 하며 머물러 있던 문종은 강요된 자결로 생을 마치게 된다.

범려는 나라의 반을 나눠주겠다며 만류하는 구천 곁을 떠나 멀리 제나라로 향했다. 도(陶, 지금의 산둥성 딩타오 현)라고 하는 사통팔달의 지방에 자리를 잡고 거기서 이름을 바꿔 장사를 했는데, 사업이 크게 성공해 억만장자가 됐다. 제나라에서도 그의 역량을 높이 사서 재상으로 삼으려 하자 범려는 "큰 재산도 모아봤고 재상도 해봤는데 여기서 더 영화를 누리려 하면 그건 스스로 화를 자초하는 것"이라며 재산을 친지 등에게 나누어주고 서시와 함께 떠났다.

범려는 한마디로 작정만 하면 뭐든 해낼 수 있는 능력자였다. 그러나 권력에 도취되거나 금력에 천착하지 않았다. 그는 미련을 두고 있다가 토사구팽당하는 대신 새로운 분기점마다 적절하게 매듭을 지으며 제2, 제3의 인생을 살았다. 삶에 곡절이 많았던 사마천은 범려의 그런 태도를 후하게 평가했고, 그의 많은 업적 중에도 특히 거상으로서의 역량과 베풀 줄 아는 아량을 높이 사 후세의 귀감으로 삼았다.

범려는 돈의 모순적 성격을 잘 이해한 사람이다. 그는 돈을 크게 버는 능력을 가졌지만 돈에 끌려 다니지 않았고, 돈에 천착해 쥐고 있거나 쌓아두는 대신 오히려 멋있게 썼다.

돈 문제로 고민하고 행복하지 않다면 먼저 이렇게 자문해보면 어떨까? '내가 만일 범려만큼 부자가 된다면 과연 그처럼 멋있게 쓸 수 있을까?'

그런데 작은 돈은 눈높이만 조금 낮추면 30대에겐 큰 문제가 아니다. 번듯한 일자리는 아니어도 눈을 약간 낮추고 힘을 좀 쓸 자신만 있으면 크게 밥 굶을 염려는 없다. 다만 돈이 무엇인지에 대한 자신의 철학이 분명해야 작은 돈에서도 의미를 찾고 큰돈도 벌게 될 것이다.

돈은 모순적 존재다. 돈맛은 달콤하지만 그 안에 독이 들어 있다. 삶을 편리하게 해주고 대우도 받게 해주지만 천착하게 유혹하기도 한다. 어느 한쪽으로 끝장을 보도록 끌어당기는 마성이 있다.

돈을 통한 풍요로움과 안락함이 일상으로 계속 이어지면 더 많은 풍요와 더 완벽한 안락을 추구하게 되는 것이 인지상정이다. 돈이란 잘 다루면 고상한 친구가 되지만 잘못 끌려다니면 비참한 노예가 되고 마는, 쾌락과 고통을 함께 주는 모순적 물건이다. 그런 만큼 중용의 도를 지키기가 어렵고 의연하기도 힘들다.

운명의 장난 같지만 개인에게나 시대에게나 물질적 전성기와 정신적 전성기는 함께 오지 않는다. 정신과 물질은 결코 어깨를 나란히 하지 않는다. 정신적 황금기는 의외로 가장 힘들고 불우한 시절에 찾아오고, 물질적 황금기엔 정신적 공허함을 느끼며 살게 된다. 물질적 풍요와 정신적 갈증, 그리고 정신적 넉넉함과 물질적 부족은 서로 마주보며 가는 가치다. 불편하지만 수긍하지 않을 수 없는 묘한 세상의 이치다.

그런 이치를 알고 물질적으로 풍요로울 때 어려운 이웃을 적극적으로 도와주며 정신적 성장을 꾀하는 것이야말로 군자가 행해야 할 도리라고 할 수 있겠다.

8장

예를 잊은 사랑은
음란하다

애이무례즉음 愛而無禮則淫

사랑의 감정을
예로 다스려라

《시경》은 사서오경의 하나로 지식인들의 전통적인 필독서다. 311편의 고대 민요를 모아놓은 중국에서 가장 오래된 시가집으로 '시(詩)'란 단어가 여기서 나왔다. 그런데 근엄하기만 할 것 같은 이 책의 첫 번째 시가 의외로 남녀 간의 사랑을 그린 노래 〈관저(關雎)〉다.

　군자가 훌륭한 배필을 찾아 헤매다가 결국 만나게 됐지만 당장 여의치 않아 잠 못 들고 뒤척인 끝에 사랑을 구하게 된다는 내용인데, 요조숙녀라는 표현을 네 번이나 쓰면서 숙녀와 군자 사이의 금슬 좋은 사랑을 점잖게 묘사했다. 이를 읽고 공자는 다음과 같이 평했다.

"즐겁지만 음란하지 않고, 애틋하지만 고통스럽지 않다."

기막힌 감상평이다. 우선 "즐겁지만 음란하지 않다"는 감상부터 살펴보자. 사랑에 관한 노래이니 당연히 남녀가 만나 교감을 하고 성애를 나누며 즐거워하는 장면을 묘사한 것이지만, 노골적으로 표현하는 대신 물풀이 이리저리 흐늘거리고 금슬과 종고 소리가 울려 퍼지는 것으로 표현했다.

'관(關)'은 '꾸욱꾸욱'이란 의성어이고 '저(雎)'는 '물수리'를 뜻하는데, 그 제목처럼 남녀 간의 사랑을 암수 물수리가 물가에서 함께 노니는 모습, 마름을 올망졸망 이리저리 고르는 모습, 은은한 거문고와 비파 소리, 그리고 우렁찬 종과 북 소리 등에 비유하고 있다.

사진을 찍고 동영상을 돌리듯 장면 장면을 있는 그대로 보여주는 것도 방법이겠지만 이처럼 고상한 비유로 상상하게 하는 것도 꽤나 멋스럽다고 하겠다. 시는 원래 그런 것이 아닐까?

공자의 감상도 그런 의미다. 사랑이란 기쁘고 즐거운 일이지만 방탕과 음탕에 빠져서는 안 된다고 말하고 있다. 사랑의 표현에는 한도가 있고, 사랑에도 한도가 있다는 얘기다.

여기서 말하는 사랑의 한도란 너무 심하게 해 끝을 보지 않는다는 의미이지, 사랑의 유효기간을 뜻하는 게 아니다. 지나치게 질펀하거나 진저리나게 끝장을 보려 하지는 않는다는 뜻일 뿐이다.

요즈음 이런저런 연구 결과를 인용해 사랑의 유효기간이 1년 6개월에서 3년이라는 이야기들을 한다. 사랑에 눈이 멀어 상대의 좋은 점만 보이는 몰입의 시간은 아마 그럴 것이다. 만일 그렇지 않고 평생을 그런 긴장과 몰입에 빠져 산다고 하면 지레 겁을 먹고 사랑 따위는 안 하겠다는 사람들이 오히려 속출할 것이다.

그렇다고 해서, 열정이 사라지고 정과 연민만 남았다고 해서 사랑이 시들해져도 된다는 것은 아니다. 사랑은 가꾸기에 따라 계속 성장하기도 하지만 등을 돌리고 방치하면 맥없이 시들기도 하는 법이다.

"애틋하지만 고통스럽지 않다"는 감상도 꽤 멋들어진다. '관저'는 남녀 사이의 사랑이 익어가는 과정을 점진적으로 확대시키면서 그려내고 있다. 남녀가 만나서 들뜬 심정으로 데이트하고, 서로 애타는 마음으로 밤새 뒤척이고, 자연스레 사랑을 나누는 과정을 점증적으로 묘사했다.

사랑을 하고 있거나 해본 사람은 공감하겠지만 그 과정은 애틋함을 넘어 차라리 처연하기까지 하다. 사랑은 일시적인 정신병 증세라고 할 정도로 당사자들을 마비시키고 중독되게 만든다. 앉으나 서나 생각이 나고, 헤어지면 금세 또 보고 싶고, 손에 잡힐 듯하다가 멀어지고, 이리 뒤척 저리 뒤척 애를 태워보지만 갈증은 더 심해져만 가는 것이 사랑이다. 긴장과 쾌감 사이의 짧은 오고감이 너무 잦아 마치 열병을 앓는 것 같다.

하지만 관저의 사랑은 그것이 지나쳐 몸을 상하게 하지는 않는다. 감상(感傷)에 빠져 정신을 못 차리는 흐물흐물한 방식이 아니라, 감정을 조절해 그윽하고 지긋이 느끼는 방식이다.

공자의 시평 역시 사랑이 아무리 애틋하더라도 거기에

휘둘려 몸까지 상하게 해서는 안 된다는 의미를 담고 있다. 기쁨이든 슬픔이든 지나치지 않게 한도를 지키라는 뜻이다. 이 역시 예(禮)에 관한 좋은 설명이 될 것이다.

●
그윽하고 지극한
사랑의 길

"공손하지만 이를 예(禮)로 잘 조절하지 못하면 피곤해진다. 신중하지만 이를 예로 잘 조절하지 못하면 나약하게 된다. 용기는 있지만 이를 예로 잘 조절하지 못하면 화를 부르게 된다. 곧고 솔직하지만 이를 예로 잘 조절하지 못하면 강퍅하게 된다."

《논어》 '태백 편'에 나오는 예에 관한 설명이다. 예란 좋은 취향이고 정돈된 태도다. 어떤 상황에서도 감정을 절제해 적절히 행동하는 것이다. 공손함, 신중함, 용기, 곧고 솔직함 등은 모두 훌륭한 자질이고 태도다. 그런데 지나치면 피곤함, 나약함, 화를 부름, 강퍅함으로 망가져버린다. 예는 지나침이나 부족함의 어느 한쪽으로 쏠리지 않고 적절한 중간 길로 가게끔 인도하는 일종의 평형 바퀴며 행동이 지나쳐 생기는 화를 막아주는 보호막이다.

여기에 한 줄 더 추가한다면 "사랑하지만 이를 예로 잘 조절하지 못하면 음란해진다"라고 하고 싶다. 열정에 빠진 감정을 예로 조절하지 못하면 마음을 상하게 하고 본능에 충실한 감정을 예로 조절하지 못하면 몸을 망가지게 한다.

예는 사랑을 시작하거나 사랑하는 도중에도 중요하지만 사랑이 식었을 때, 헤어질 때 더 필요하다. 살과 뼈를 다 내줄 것 같은 사랑도 어느 순간 모래처럼 순해지는 것이 인지상정이다. "사랑이 어떻게 변하니?"라고 묻지 말자. 하늘도 땅도 시간이 흐르면 변한다. 문제는 어떤 방식으로, 어떤 방향으로 변하느냐에 있다. 그 답을 사람의 감정을 절제하여 적절히 행동하게 하는 예에서 찾았으면 하는 바람이다.

예로 조절하지 않은 사랑은 지나치다 못해 지독하고 섬뜩한 사랑이 되기 쉬운데, 그 끝이 적절할 리 없다. 헤어질 때 잘 헤어지지 못하면 흉한 집착이 되고 만다. 스스로 낭만이라 칭하며 골목길 전봇대 앞에서 기다리지만 다른 이의 눈에는 끔찍한 스토킹일 수도 있다. 이른바 데이트 폭력도 예를 갖추지 않고 사랑하면서 생기는 폐단이다.

"첫사랑의 아픔이 너무 커서 아직도 새로운 사람을 만나지 못하고 있습니다. 서른 즈음에는 잊을 수 있으리라 믿었는데 쉽지 않네요. 어쨌든 스스로 이겨내는 수밖에요. 극기해야죠."

공자는 안연이 인(仁)에 대해 묻자 하루라도 극기복례(克己復禮)하면 세상이 인으로 돌아온다고 했다. '자신의 욕망이나 감정을 극복해 예로 돌아가라'는 가르침이었다. 그리고 인이 자신으로부터 시작하지 다른 사람으로부터 시작하겠느냐고 되물었다.

예가 아닌 것은 보지 말고, 예가 아닌 것은 듣지 말고, 예가 아닌 것은 말하지 말고, 예가 아니면 행동하지 말라는 공자의 가르침을 실천할 요즈음이 아닌가 싶다. 뜨거

운 연애를 하고 있건, 기혼이건 간에 적절한 예를 갖춘
사랑을 해야 할 것이다.

오늘이 마지막 날인 것처럼
사랑하라

'천장지구(天長地久)'는 《도덕경(道德經)》 제7장에 나오는
말로써 '변함없이 오래 가는 것'을 뜻한다.

"하늘과 땅이 늘 변함없이 유구한 것은 사사롭게 자신
만을 챙기지 않기 때문이다. 스스로만 살려고 하지 않기
때문이다."

이것이 남녀 간의 영원한 사랑을 뜻하는 말로 전용된
것은 백거이가 장시 〈장한가(長恨歌)〉에서 이 말을 현종과
양귀비의 애끊는 사랑에 비유했기 때문이다. 백거이는
인품과 문학적 성취 모두에서 존경받는 시인이었다. 결
코 평온하다고 할 수 없는 당나라 중기 시대를 살면서 그
는 한림학사라는 중앙 요직부터 멀리 지방 관리까지 두

루 역임하며 고군분투했다.

　비록 뜻했던 개혁은 이루지 못했지만 71세에 장관급으로 공직을 떠나 75세까지 시와 술을 즐기며 살았다. 분방하고 호방했지만 60대 초반에 객사한 이태백이나 방랑과 불우함 끝에 60세가 되기 전 동정호에서 병사한 두보에 비하면 무난한 삶이었다. 그가 한창 때인 30대 초에 쓴 〈장한가〉는 무려 120행에 달하는 대서사시다. 백거이는 이 시에서 사랑의 기쁨과 괴로움, 외로움과 회한 등을 유려하고 힘차게 묘사하고 있다. 이 시의 마지막 두 행에 '천장지구'라는 표현이 나온다.

　"천지가 유구하다고 하나 다할 날이 언젠간 있을 것이다. 그러나 이 지극한 사랑의 슬픈 사연은 영원히 끊어지지 않을 것이다."

　현종과 양귀비는 하늘에서는 비익조가 되고, 땅에서는 연리지가 되고 싶어 했다. 비익조는 암수가 하나의 날개로 나는 새로서 나뉘지 않는 사랑을 의미한다. 또한 연리지는 뿌리가 다른 두 나뭇가지가 서로 엉켜서 한 나무로 자라는 것으로서 둘이 하나 되는 사랑 또는 부부일체를 의미한다.

천장지구를 바랐던 현종과 양귀비는 당대에는 뜻을 이루지 못했지만 그들의 사랑 이야기는 〈장한가〉로 남았다. 무구함의 상징인 하늘과 땅보다 더 오래 사랑한다면 그 얼마나 행복하고 아름다운 일인가.

한편 남녀의 사랑을 얘기할 때 '일편단심(一片丹心)'이란 말도 자주 쓰인다. 변치 않는 참된 마음이란 뜻인데, 한번 마음을 주고받았으면 순애보적인 사랑을 끝까지 유지하는 것을 말한다.

임을 향한 일편단심을 보여준 사랑 이야기야 동서고금에 많지만, 항우와 우희의 사랑만큼 절절한 경우는 흔치 않은 것 같아 소개한다.

보통 영웅호색이라고 하지만 항우는 예외였다. 전장에서는 '역발산기개세(力拔山氣蓋世)'의 영웅이지만 남녀 문제에서는 순정남이었다. 그에게 우희는 첫 정이었고, 죽는 순간까지 함께한 마지막 여인이었다. 피 끓는 20대에 만나 서른두 살에 요절할 때까지 늘 같이했던 유일한 연인이 우희였다.

항우가 후세에 영웅으로 추앙받고, 냉정한 역사가였던 사마천마저 그를 실패한 장군이 아닌 당당한 임금으로 대우해 〈항우 본기〉에 기술한 것은 그의 마지막이 비극적이지만 깨끗했기 때문이다.

항우는 아흔아홉 번 이기다가 한 번 져서 사면초가에 몰렸지만, 눈앞의 강을 건너 고향땅으로만 돌아가면 얼마든지 재기할 기회가 있었다. 그리고 강을 건널 배도 대기하고 있었다. 그럼에도 그는 고향의 부형들을 뵐 면목이 없다는 이유로 스스로 죽음을 선택했다. 영웅에게는 죽음도 하나의 선택이다. 영웅과 비극성은 불가분의 관계인 것이다.

항우는 마지막을 앞두고 사랑하는 여인 우희가 너무나 안쓰러워 "이를 어쩔꼬, 이를 어쩔꼬" 하면서 탄식했다. 전장에서는 태산 같은 사람이지만 사랑하는 여인 앞에선 그저 마음 여린 한 남자일 뿐이었다. 우희는 그런 낭군 앞에서 춤을 췄다. 말 그대로 '마지막 춤을 그대와 함께'였다. 그렇게 항우와 우희는 서로 일편단심의 순정을 다했다.

공자의
자녀 교육법

과정의 훈육

공자에겐 백어(伯魚)라는 아들이 있었다. 백어는 아버지와 달리 범용한 편이었다. 심지어 공자보다 먼저 세상을 떠난 불효자였다. 사람들은 흔히 공자가 아들에게 특별한 교육을 시켰을 것이라고 생각하지만 그건 오산이다.

제자들은 공자의 자녀 교육법에 자신들이 모르는 비결이라도 있나 궁금해했다. 그런 궁금증을 진항이란 제자가 여러 사람을 대신해 백어에게 직접 물었다.

"당신은 선생님과 같이 있으니 남달리 따로 들은 얘기가 있겠지요?"

백어가 답했다.

"없습니다. 아버님께서 혼자 뜰에 서 계시기에 제가 조심조심 지나간 적이 있습니다. 그런데 '시를 배웠느냐'고 물으시더군요. '아직 아닙니다'라고 대답했더니 '시를 안 배웠으면 할 말이 없다'고 하시더군요. 저는 물러나 시를 배웠습니다. 다른 날 또 혼자 서 계시기에 제가 조심조심 지나갔습니다. 아버님께서 이번에는 '예를 배웠느냐'고 물으시기에 '아직 아닙니다'라고 대답했습니다. 그랬더니 하시는 말씀이 '예를 배우지 않으면 설 수가 없다'고 하시더군요. 저는 물러나 예를 배웠습니다. 단지 이 두 가지를 들었을 뿐입니다."

담담한 느낌이 들지 않는가? 호젓한 집 마당에서 부자 간에 오고가는 대화가 그윽하면서도 울림이 있지 않은가? 겉으로는 엄하게 훈계하는 것 같지만 속으로는 여느 아버지와 마찬가지로 아들의 성장을 바라는 공자의 지긋한 마음 씀씀이를 느낄 수 있다. 이것이 공자의 자녀 교육 방식, 즉 '과정(過庭)의 훈육'이었다. '과정'이란 '집안 뜰을 지나며'란 뜻이다.

공자에게 '비밀 과외' 같은 특별 교육법은 없었다. 과잉 보살핌이나 무한 책임주의를 벗어나 오히려 담담하게

한 수씩 가르쳐주었을 뿐이다. 공자가 아들에게 일깨워
준 것은 두 가지였다.

우선 시를 읽었느냐고 물었고, 다음에는 예를 배웠느
냐고 물었다. 여기서 말하는 시는 문학적 소양을 포함한
인문적 기초를 말한다. 그리고 예는 사회의 구성원으로
서 갖춰야 할 기본적인 덕목을 말한다. 시와 예는 수기(修
己)와 치인(治人)의 기본이다. 수기치인이란 자기 몸과 마
음을 닦고 그걸 바탕으로 사회에 유익한 역할을 하는 것
이다. 공자가 아들에게 이런 깨우침을 준 것은 그의 평소
교육관과 맥락을 함께한다.

"자녀를 키우다 보니 문득문득 부모님 생각이 납니다. 저
를 어떻게 키우셨을까, 정말이지 감사할 따름입니다."

《논어》 '학이 편'에 이런 대목이 있다. "나이 어린 사
람들은 집에 들어와서는 효도하고, 밖에 나가서는 공손
해야 한다. 신중히 행동하고 믿음직스러워야 한다. 두루
여러 사람을 아끼고 어진 사람을 가까이 해야 한다. 이렇

게 하고 남는 힘이 있으면 글을 배워야 한다."

예, 즉 '사람다움'을 가르치는 윤리 교육이 가장 먼저라는 뜻이다. 지식 습득은 사람됨의 근본을 익힌 그다음에 해도 늦지 않다는 말이다.

공자의 '과정의 훈육'은 또한 자기 주도적인 학습을 의미하기도 한다. 큰 틀의 방향만 알려주고, 그다음은 자기스스로 최상의 방법론을 찾아보도록 유도하는 것이다. 사람됨의 근본에 힘쓰도록 가르치고, 나아가 사회인으로서 의연하게 처세하도록 가르쳤으면 그것으로 자녀 교육은 족하다는 것이었다. 그다음에 지식과 지성을 쌓아가고 도를 깨닫는 것은 자녀의 몫이다. 일일이 부모가 이끌어줄수는 없는 일이다. 아이의 그릇에 맡겨야 한다.

사람은 그릇의 크기나 모양이 저마다 다르다. 그릇의 크기나 모양이 다르다는 뜻은 '타고난다'는 뜻이 아니고 '만들기 나름'이라는 뜻이다. 《도덕경》11장의 말처럼 흙으로 빚어 만든 그릇은 그 가운데가 아무것도 없기 때문에 쓸모가 생겨나는 것이다. 채워 넣기 나름이라는 뜻이다. 그러니 자녀들이 그릇의 크기를 차분하게 키우도록 지원하고, 단단하게 만들게 하며, 그 안을 지식으로 채우도록 가르치는 것이면 충분하다. 아무리 큰 그릇이라도 넘쳐 쏟아지면 무슨 소용이 있겠는가.

죽이 되든지 밥이 되든지 스스로 자신의 방법을 찾도록 시간과 기회를 주어야 한다. 욕심만 많고 내용은 없는 허풍선이가 되지 않게 하려면 부모가 헛바람을 불어넣어서는 안 된다. 내 아이의 그릇이 어떤지는 누구보다 부모가 더 잘 알고 있지 않은가.

"군자는 은혜를 베풀되 허비하지 않고, 노고를 다하되 원망하지 않고, 욕심을 부리되 탐하지 않고, 태연하되 교만하지 않고, 위엄이 있되 사납지 않다."

이게 바로 부모가 취해야 할 태도가 아닐까? 사랑을 주되 무모하리만치 많이 주지 말고, 책임을 다해 키우되 알아주지 않는다고 원망하지 말고, 잘되었으면 하는 마음을 갖되 그릇 이외의 것을 탐하지 말고, 엄하게 혼내되 혼내는 것과 화내는 것을 구분하는 마음 말이다.

어기지 않음이
효의 시작이다

백유읍장(伯俞泣杖)이라는 고사성어가 있다. '백유가 매를 맞으며 운다'는 뜻으로 백유지효(伯俞之孝)라고도 한다.

한백유는 중국 한나라 때의 인물이다. 그의 어머니는 매우 엄해 어려서부터 백유가 잘못하면 심하게 매를 들었다. 어머니의 깊은 기대와 애정을 느끼고 있는 백유는 초달(楚撻, 회초리로 종아리를 때림)을 아픈 기색 없이 견뎌냈다.

시간이 흘러 백유가 장성한 뒤 다시 어머니의 매를 맞게 됐는데 그때는 눈물을 흘렸다. 아프다고 한 적이 없던 아이가 웬일이냐며 어머니가 놀라서 물었다. 백유는 "아무리 때리셔도 전혀 아프지 않아 웁니다"라고 대답했다.

늙고 병들어 기운이 떨어진 노모가 여전히 자식이 잘되라고 초달을 하지만 힘이 없어 하나도 아프지 않으니 그 노쇠함이 슬퍼서 운 것이다. 효에는 이러한 마음이 필요하다. 공자가 효에 대해 남긴 말 중에 이와 맥락이 비슷한 대목이 있다.

"어버이의 나이를 모르면 안 된다. 오래 사시니 한편으로는 기쁘기 때문이고, 또 한편으로는 나이 많으심이 두렵기 때문이다."

백유가 느꼈던 어머니의 노쇠함에 대한 슬픔에서 한 걸음 더 나아가, 장수하는 부모를 보면서 느끼게 되는 기쁨과 두려움이라는 두 가지 감정을 담백하고도 절절하게 표현한 명문이다. 부모님의 힘이 예전 같지 않다고 느낀다면 내가 지금 효도를 하고 있는지도 함께 되물어야 할 것이다. 이런 간곡한 마음가짐이 효의 시작이고 끝이다.

"제가 기억하는 어릴 때 아버지 모습은 마치 커다란 산 같았어요. 넓은 어깨, 큰 키와 신발. 가정을 책임지는 한 남자에 대한 존경심이 있었죠. 제가 지금 그런 모습으로 아이들에게 비칠까? 그런 고민을 합니다. 그리고 그런 아버지는 지금 어디 계신가. 힘없는 노인이 되신 모습을 보노라면 마음이 아프죠."

노인이 되어 힘이 떨어지면 판단도 흐려진다. 시시각

각 급변하는 사회를 미처 따라가지도 못한다. 그러니 자식과 대화가 잘 될 리 없다.

"어버이를 섬길 때는 경우를 보고 조심스레 간(諫)해야 한다. 어버이가 듣지 않으시더라도 공경하는 마음으로 그 뜻을 어기지 말아야 한다. 또한 힘에 부치더라도 원망해서는 안 된다."

매우 현실적인 말이다. 30대 자녀와 60대 부모 사이에 의견이 다를 수 있다. 부모는 경륜과 지혜를 내세우지만 자칫 시대에 뒤떨어지거나 변화무쌍한 물정을 제대로 모를 수도 있다. 그런 사실을 아는 자녀가 최신 정보와 경향을 근거로 부모의 잘못된 선택을 지적할 수 있는데, 그것을 두고 '간'한다고 표현한다.

간은 아랫사람이 윗사람의 과오를 지적하고 바르게 고칠 것을 청하는 것이다. "모르면 가만히 계세요", "뭘 아세요?" 하는 식으로 윽박지르지 말고, 마음이 상하지 않도록 부드럽게 말해야 한다.

그래도 굳이 고집을 피우고 당신들 뜻대로 하다가 결국 자녀가 우려했던 대로 나쁜 결과가 나오는 수도 있다.

심지어 그런 경우라도 부모를 함부로 대해서는 안 된다. 기가 죽어 있을 부모에게 "그럴 줄 알았다"며 딱딱거리거나 무시해서는 안 된다. 부모의 잘못된 선택으로 뒤치다꺼리까지 자녀가 해야 하는 최악의 상황이 있을 수도 있다. 부모가 저지른 사업 실패로 인해 자녀가 빚을 갚아야 하는 경우도 있고, 몸으로 때워야 하는 경우도 있다. 그래도 부모를 원망하지 말라는 것이 공자의 뜻이다. 역지사지로 상대의 마음을 헤아려야 한다.

여기서 효가 부모에 대한 맹목적인 복종을 뜻하는 것은 아니라고 하면 다소 위안이 될까? 부모가 어떤 엉뚱한 행동을 하든지 무조건 따르는 것이 진정한 효는 아니다.

오히려 부모가 경우에 어긋나고 이치에 맞지 않는 선택을 하면 거듭거듭 간하여 바로잡는 것이 대효(大孝)다. 부모가 정말 존경하는 나의 원천적 존재라면 끝까지 우겨서라도 바르게 되도록 하는 게 효이지, 좋은 게 좋다는 식으로 건성건성 따라서는 안 된다. 누가 '마마보이'를 효자라고 하겠는가. 진정한 효도는 무조건적인 복종이 아니라 부모를 낯설게 바라볼 수 있어야 한다. 낯설게 바라보기란 객관적으로 판단해본다는 뜻이다.

당대 3대 실력자 중 하나였던 맹의자(孟懿子)가 공자에게 효에 대해 물었다. 공자는 "어기지 않는 것입니다"라고 답했다. 나중에 제자 번지가 "무엇을 어기지 않아야 한다는 말씀입니까?" 하고 묻자 "어버이께서 살아 계실 때는 예로 섬기고, 돌아가시면 예에 맞게 장례와 제사를 지내는 것이지"라고 설명했다.

장례에서 예를 오용하고 남용하는 경우를 질책하는 내용인데, 아마 요즘 우리 장례 행태에도 적용되는 말이지 싶다. 죽은 이가 아니라 자식들의 지위가 강조되는 신문의 부고란, 많이 좋아졌다고는 하나 여전히 낭비가 심한 장례 문화, 고인의 명복을 빌기보다는 눈도장을 찍기 위한 조문 행렬과 조문 화환 등이 바로 그렇다.

누구나 피해갈 수 없는 인간의 통과의례가 바로 관혼상제다. 어른이 되어 결혼을 하고, 죽어서 장사 지내고, 추모하는 제사를 지내는 것이 그것인데, 이 중에서 유일하게 두 번 치를 수 없는 것이 바로 장례다. 그렇기 때문에 죽음에 대한 의례는 정중하게 죽은 자에 대한 공경으로 진행해야 한다.

　공자는 이러한 장례에 대해 신종(愼終)이라 말했다. 신
종은 장례를 삼가는 자세로 신중하게 치른다는 뜻이다.
언젠가는 상복을 입을 날이 올 것이다. 누구라도 피해갈
수는 없는 법이니 나중에 후회하지 말고 부모님이 살아
계실 때 섬기기를 다해야 할 것이다. 그 효도에 대한 공
자의 생각을 조금 더 들어보자.

‘치국’은 ‘제가’
다음에 가능하다

공자는 "효란 덕의 근본이요, 가르침은 여기에서 비롯된
다. 사람의 신체와 머리카락과 피부는 부모로부터 받은
것이니, 이것을 손상시키지 않는 것이 효의 시작이다"라
고 했다.

　이어서 몸을 세워 도를 행하고 후세에 이름을 날림으
로써 부모를 드러내는 것이 효의 끝이라고 했다. 부모를

섬기는 데서 시작해 임금을 섬기는 과정을 거쳐 몸을 세우는 데서 끝나는 것이 효라고 했던 것이다.

이것이 《효경(孝經)》의 첫 장인 '개종명의(開宗明義)'에 실려 있는 공자의 말씀이다. 여기서 유래한 말인 신체발부 수지부모(身體髮膚 受之父母)가 효도의 기본으로 통하게 됐다.

공자는 효가 무엇인지 묻는 맹무백(孟武伯)에게 "부모는 오직 그 자식의 질병만 근심하는 법이다"라고 답했는데, 이는 곧 몸을 잘 보존하는 것만으로도 이미 효도라는 뜻이다.

또한 "어버이 계실 때는 멀리 나가지 말고, 멀리 나갈일이 있으면 반드시 자신이 있는 곳을 알려드려야 한다"고 말했다. 부모가 염려하시지 않게 들고날 때 행선지를 알리고, 멀리 출장을 떠날 때는 자주 안부를 전하라는 의미다. 이 말은 물론 교통이 불편하고 왕래가 적었던 시절의 이야기다. 하지만 그 의미는 지금도 여전히 유효하다.

"저희는 내리사랑과 치사랑 사이에 낀 세대죠. 위로는 효도하고, 아래로는 자식들을 건사해야 하는데 나라의 시스템은 미비하고 가진 돈은 없고. 답답합니다. 부모님께 늘 죄송스런 마음뿐이죠."

바빠서 자주 연락을 드리지 못했다는 것은 핑계다. 지금처럼 통신수단이 발달했음에도 불구하고 시간이 없어서 안부를 여쭙지 못했다는 것은 말이 안 된다. 걱정하고 계실 부모의 마음을 헤아리는 것, 이것이 바로 효의 시작이다. 부모는 늘 길조심 차조심하고 제때 밥 챙겨먹으라는 말만 반복하겠지만 그것을 짜증내지 않고 들어드리는 것 자체가 또한 효도다.

부모님과 같이 살고 있다면 먼 길을 다녀왔거나 퇴근하고 왔을 때 얼굴을 비쳐야 한다. 따로 살고 있다면 자주 찾아뵙고 인사를 드려야 한다.

제자 자하가 공자에게 효에 대해 물었다.

"어버이 앞에서 아무 일 없는 듯 낯빛을 편하게 꾸미는 것은 쉬운 일이 아니다. 일이 있으면 자식으로서 힘든 일을 마다하지 않고, 술과 음식이 생기면 먼저 상에 올려

드리는 일도 의미 있겠지. 그런데 이런 정도를 가지고 어찌 효라고 할 수 있겠느냐."

사실 밖에서 생긴 불편한 일을 부모 면전에서 내색하지 않기란 쉽지 않다. 부모는 자식의 숨소리만 들어도 그 기분을 헤아리는 통달의 스승이기 때문이다.

또한 맛있는 음식이 생기면 제 입이나 자식의 입이 먼저이기 쉽다. 부모님께 먼저 갖다드리는 것이 보통 일은 아니다. 설령 그렇게 했다 하더라도 그 정도를 가지고 효라 할 수는 없다.

효는 진심으로 공경하는 마음이 중요한 것이지 물질적 봉양이나 의무적인 수발 들기로는 부족하다고 공자는 가르친다. 더불어 자하에게 부모님의 근심이 무엇인지 속마음까지 두루 살필 줄 알아야 효라고 했다.

제자 자유에게 공자는 효에 대해 이렇게 얘기했다.

"요즘은 효를 그저 잘 먹이는 걸로만 얘기하더구나. 문제는 개나 말이나 다 먹여 기를 수 있다는 것 아니겠느냐. 그러니 공경하는 마음이 있어야 효도와 짐승 기르는 일의 구분이 생기는 것이 아닐까?"

단순히 물질봉양만 하고는 효를 했다고 하지 말고 충심으로 공경하라는 뜻이었다. 부모에 대한 자발적 공경. 이것이 없으면 월급봉투를 다 갖다드려도, 허구한 날 외식을 모시고 다녀도, 온갖 명승고적을 다 구경시켜드려도 불효를 면치 못한다. 효의 핵심은 바로 마음가짐이다.

섭공이 공자에게 말했다.

"우리 동네에 정직한 사람이 하나 있습니다. 아비가 양을 훔쳤는데 그 아들이 아비를 고발했습니다."

섭공은 나름대로 정의를 말하고, 국가 윤리에 대해 말하고 싶었던 것이다. 하지만 공자는 이렇게 답했다.

"우리 동네의 정직함은 좀 다릅니다. 아비는 자식을 숨겨주고 자식은 아비를 숨겨줍니다. 정직함이란 그러한 가운데에 있는 것이지요."

섭공이 강조하고자 했던 국가 윤리보다 가족 윤리가 우선이라는 것이 공자의 주장이었다. 이 대화는 아무리 부모자식 간이지만 양을 훔치는 부정행위를 눈감아주어야 하느냐는 논란이 있을 수 있다. 정직함과 당당함을 강조했던 공자가 무슨 소리냐고 의아해할 수도 있다. 하지만 공자의 진의는 '남의 가축을 훔치는 부정행위는 고발해야 하고, 도둑은 응당 처벌받아 마땅하다. 누구든 정의 감을 갖고 고발할 수 있다. 다만 아비가 그런 것을 자식이 고발할 수는 없고, 자식이 그런 것을 아비가 고발할 수는 없다'는 것이었다.

남의 부정행위에 대해서는 누구나 단호히 대처할 수 있다. 그러나 만일 훔친 자가 나의 아비라면 고발하는 것이 전부는 아니다. 우선 그런 부정행위를 말려야 한다. 부드럽게 간하고 또 간해야 한다. 그래도 듣지 않으면 차마 도둑질을 함께 할 수야 없으니 업고라도 달아나는 것이다. 차라리 업고 달아날지언정 제 아비나 자식을 고발하지 못하는 것이 혈연으로 맺어진 가족이다.

부모는 내 존재의 근원이다. 관계 속의 나, 세상 안의 나라는 존재를 만들어준 분들이다. 그래서 어떤 경우라도 끊을 수 없다는 뜻에서 천륜(天倫)이라고 하고, 그걸 어기면 호래자식이라고 지목되어 사람 대우를 못 받는 것이다. 그렇다. 어려울수록 힘이 되어주는 존재가 가족이고, 가족은 어떠한 경우에라도 서로 감싸주어야 한다.

이런 이유 때문에 공자의 사상은 공과 사의 구분이 없다는 비판을 받기도 한다. 법치가 설 수도 없고, 정치와 도덕의 차이가 모호해 결국 인정에 휘둘리게 된다는 비판도 있었다. 매사 범(凡)가족주의에 매몰되면 사회는 되는 것도 없고, 안 되는 것도 없는 무질서 상태가 되어 결국 강력한 통제력을 가진 권위주의 정부가 출현할 수밖에 없다는 극론까지 있었다.

가족 윤리를 국가 윤리보다 앞세운 공자의 주장을 이해하려면 그의 사상의 핵심이 담긴 '수신제가 치국평천하'라는 말의 의미를 음미해보면 된다. '제가' 다음에 놓인 것이 '치국'이다. 국가나 정치가 가족에서 확대된 개념이라는 뜻이다.

공자는 정치를 적나라한 권력의 사용이 아니라 아량과 양보, 관례로 움직이는 가정의 연장으로 생각했다. 그는 정치란 가정에서의 효와 우애가 밖으로 확산돼가는 것일 뿐이라고 생각했다.

공자는 부모님을 향한 극진하고 자발적인 공경의 마음가짐과 형제들끼리 서로 양보하며 밀어주고 끌어주는 우애가 바로 정치의 기본이라고 인식했다. 그렇게 확대되고 연장되는 과정을 '추(推)'라고 하는데, 이는 공자의 고유한 개념이다.

어떤 이가 "왜 선생님께선 정치에 참여하지 않으십니까?" 하고 물었을 때 공자는 이렇게 답했다.

"《서경》에 이르기를 '효로다! 오직 효와 형제애로 정치를 한다'는 말이 있다. 우아한 가족의 윤리를 정치로 연장 확대하는 것도 정치인데, 어찌 적나라한 권력의 사용만을 정치라 하겠나?"라고 답한 것이 바로 그런 이유다.

당시 정치적 실권자인 계 씨가 "백성들로 하여금 공경심을 갖게 만들고 또 그들을 분발시키려면 어떻게 해야 합니까?"라고 묻자 "당신이 백성을 정중히 대하면 백성은 공경하고, 당신이 부모에게 효도하고 자식에게 자애롭게 대하면 백성은 충직해지고, 또 선한 사람을 천거하여 무능한 사람을 교도하게 하면 백성은 분발할 것입니다"라고 답했다.

효가 곧 정치가 되고, 윗물이 맑아야 아랫물도 맑으니

먼저 효의 모범이 되라는 뜻이었다. 오늘날 우리가 충효 사상이라고 하여 나라에 대한 충을 부모에 대한 효보다 앞서 말하고 있는데, 이는 절대왕정 이후 통치자들이 효와 충의 순서를 바꾼 탓이지 공자의 원래 뜻은 아니다. 국가주의가 강화되면서 다들 충효를 외치지만, 공자의 사상은 효가 기본이고 효와 우애의 확대가 충일 뿐이었다. '치국(治國)'은 '제가(齊家)' 다음에 가능하다.

●
공자처럼
황소걸음으로 천천히

공자는 무려 2,500년 동안이나 존재감 넘치는 위대한 스승으로 통하고 있지만 그렇다고 해서 '금수저'를 입에 물고 태어난 소위 '엄친아'는 아니었다. 공자는 기원전 551년 오늘날 중국의 산둥성 취푸[曲阜] 동남쪽에서 하급 귀족 무사인 아버지 숙량흘(叔梁紇)과 어머니 안(顔) 씨 사이에서 태어났고, 기원전 479년 4월 기축일 일흔두 살의 나이로 세상을 떠났다.

노나라 도성 북쪽 사수(泗水) 언덕에 묻혔는데 그의 72년 인생을 돌아보면 좌절의 연속이었으며 심지어 당대에는 실패한 인생이었다. 그 자신도 그리 여겼고, 주위 사람들도 대부분 그렇게 느꼈다. 삶의 궤적이 그야말로 주류도 비주류도 아닌 외류 인생이었다. 잠시 공자의 인생을 살펴보자.

공자는 귀족 가문에서 태어났지만 세력 있는 명문가 출신은 아니었다. 오히려 불우하고 굴절 심한 초년을 지냈다. 세 살 때 아버지를 여의고, 혼자된 모친을 봉양하면서 갖은 허드렛일을 해야만 했다. 그 어머니마저 공자의 나이 열일곱 살 때 세상을 떠났다.

가난하긴 했지만 나름대로 귀족 출신이어서 교육도 받았고, 음악과 궁술에 조예를 쌓을 수도 있었다. 시와 역사적 문서들을 공부했고, 의례에 대해서도 깊이 연구했다.

스스로 '타고난 천재가 아니라 배워서 익힌 수재 정도'라고 겸손해했지만 사실은 타고난 대재였다. 곤궁한 중에도 일찍부터 뜻을 세워 학문에 몰두했고, 젊어서부터 이미 이름이 나 있었다. "내 나이 열다섯에 배움에 뜻을 두었고, 30대에 섰으며"라고 만년에 회고한 인생역정에서 알 수 있듯이 그는 자신의 대재를 일찍부터 호학(好學)으로 키워나갔다.

10대 중반에 자신이 평생 걸어갈 길을 확정하는 결단을 내렸고[志于學], 10여 년의 공부를 거쳐 30대에 이르러서는 사람을 사랑하고 세상을 이해하는 자신만의 관점을 확보하게 되었다[而立]. 이는 30대에 인격적으로 자립했고, 자신의 길에서 상당한 성취를 이뤄 나름 전문가가 되었다는 뜻이다. 하지만 그다음에 "마흔에 유혹을 이겼다[不惑]"라고 한 것을 보면 30대의 10년 동안 상당한 성취를 이루긴 했지만, 다른 한편으로 자신의 길에 대한 확신을 갖지 못하고 이리 회의하고 저리 의심했던 것이 아닐까 싶기도 하다.

"제 호흡으로 가고 싶은데, 주변이 너무 빠르니까 서두르게 됩니다. 천천히 가면 왠지 패배자가 되는 것 같고⋯⋯ 그래서 늘 불안한 것이죠."

공자가 위인이기는 하지만 극적인 삶을 살지는 않았다. 소인들에게 다소 괴롭힘을 당하기는 했으나 험한 박해를 받은 바도 없었고, 순교와 같은 순간도 없었다.

그는 자질이 뛰어났고 포부가 유별났지만 생전에 뜻한 대로 실현한 것도 거의 없었다. 몇몇 관직을 지내며 하대부(下大夫)의 대우를 받았으나 평생 실권 있는 유력한 관직에 있어본 적이 없었다. 많은 제자들을 키웠지만 가장 아꼈던 제자들은 먼저 죽었고, 남은 제자들은 과연 기대를 걸어도 될까 싶은 수준이었다. 존경도 받고 부양도 받았지만 자신의 출사표를 펼쳐 보일 기회는 얻지 못했다.

정치개혁가로서 공자는 자신에게 3년의 시간만 준다면 세상을 바꿔놓을 수 있다는 포부가 있기는 했지만 그 뜻을 펼쳐보지도 못했다. 학문의 영역에서 성취를 이루는 것으로 만족하지 않고 현실정치를 개혁하려 했다. 적어도 정치인은 '출신이 아닌 덕과 능력으로 등용해야 한다'는 것과 '정치의 목적은 백성들의 행복과 안정을 도모하는 것'이라는 주장만큼은 꼭 실현하고 싶어 했다. 그러나 실권 있는 자리를 세습받을 만한 힘 있는 집안 출신이 아니어서 순전히 자신의 노력으로 그런 위치를 얻어야만 했다.

춘추시대 말인 당시에는 과거제와 같은 제도적 관리 등용법이 시행되기 전이어서 자력으로 유력한 자리를 얻는 방법이란 정치적 권모술수가 뛰어나거나 언변이 좋아 군주에게 발탁되는 경우, 또는 전쟁을 직업으로 하는 군인의 길을 걷는 방법뿐이었다. 하지만 이 두 가지 길은 공자와 맞지 않았다.

그는 권력자 앞에서 아첨할 줄 몰랐다. 일단 권력자의 비위를 맞춰 기회를 잡게 되면 그다음에 뜻을 편다는 식의 전략적 사고도 할 줄 몰랐다. 오히려 권력자와 마주할 기회가 생기면 그의 과오나 부족함을 직접 지적해 자리를 어색하게 만들었다. 면전에서 상대를 비판하고 뒤에서 칭찬하는 식이었는데, 그런 성격은 사람들을 조심스럽게 만들고 존경하게 만들기는 했으나 인기를 얻지는 못했다. 공자는 성실하고 당당한 태도로 정치 개혁을 위한 큰 그림을 보여주려 했을 뿐, 상대의 비위를 맞추거나 잔머리를 굴리는 법은 몰랐다.

공자가 당시의 권력자들에게 등용되지 못한 이유는 올곧은 천성 때문이기도 했지만 권력자들의 그릇이 작은 탓도 있었다. 공자는 당시의 군주들이 하나같이 두소지인(斗筲之人), 즉 됫박만 한 마음을 가졌을 뿐이라고 한탄한 바 있다.

고래와 같은 공자를 밴댕이 속을 가진 군주가 품을 수는 없는 노릇이었다. 군주의 자리에 앉아 있지만 한눈에 보기에도 잔챙이 같은 인물인데, 심지어 그 인물이 고까운 듯이 공자를 다뤄보려 했으니 그런 자리에서 공자가 마음껏 출사표를 펼쳐 보일 수는 없는 일이었다. 큰 인물의 외로운 한숨 소리가 지금도 들리는 듯하다.

공자의 위대함은 그를 가로막은 수많은 좌절과 장벽 앞에서도 무릎 꿇고 포기하지 않았다는 사실에 있다. 만일 공자가 한가한 공직에 만족하고 제자들과 우국지정이나 나누며 지냈다면 그는 단지 뛰어난 교사에 불과했을 것이다. 하지만 안 되는 줄 번연히 알면서도 쉰이 넘은 나이에 주유천하에 나섰다. 비록 노년으로 접어드는 나이였지만 호연지기가 만만치 않았다.

예순일곱 살까지 무려 13년을 방랑했는데, 말이 좋아 주유천하지 실상은 오라는 데가 없는데도 꿈과 사람을 찾아 헤매는 구도의 몸부림이었다. "천하에 도가 없어진 지 오래되었다. 아무도 나를 존중해주지 않는다"는 한탄도 했다. 100년 뒤 수많은 마차와 제자들을 대동하고 좋은 대우를 받으면서 화려하게 움직였던 맹자의 주유천하와는 비교할 수 없는 초라함이었다. 하지만 공자는 원대한 포부를 가슴에 품고 많은 공부를 한 끝에 시대를 넘어서는 큰 스승이 될 수 있었다.

삶이 버거울수록 희망이 필요하다

후생가외(後生可畏). 공자는 "뒤에 태어난 사람들을 두려워할 만하다"고 했다. 후생은 선생에 대비되는 말로, 선생은 먼저 난 사람이고 후생은 뒤에 난 사람이다. 선생은 먼저 난 사람이니 축적된 경험도 많고, 사리판단을 할 지혜도 많다. 그렇게 경험과 지혜는 자연스레 존경으로 이어진다.

공자의 자(子)가 바로 선생이란 의미다. 어릴 때 머리가 짱구처럼 생겼던 공자의 이름은 공구(丘)였다. 공구가 훌륭하게 성장해서 공 선생님이 된 것이다. 그렇다면 선생 공자가 후생이 두려워할 만하다고 말한 의미가 무엇일까?

공자처럼 위대한 스승도 후배나 제자들의 시대에 가서
는 자신보다 더 대단한 위인이 나올 것이라고 생각했다.
단지 먼저 났다는 이유만으로 뒤에 난 사람들의 발전 가
능성을 무시해서는 안 된다는 뜻이다. 다만 아무리 후생
가외라고 해도 나이 사오십이 되도록 제 길에서 성취가
없으면 그런 존재는 무시해도 좋다고 했다.

　결국 '가외'할 만한 후생이 되려면 30대, 그 10년 동안
목숨을 걸어야 한다. 일에서는 전문가가 돼야 하고, 삶에
서는 인격적으로 자립해야 하며, 세상에서는 자기 자리
를 가져야 한다.

　나는 가외할 30대가 더 많아지기를 바라는 뜻에서 이
글을 썼다. 30대가 감당해야 할 일들은 너무나 많고 또
무겁다. 하지만 세월이 힘들다면 황당한 꿈이라도 꾸면
서 살아보면 어떨까? 설령 허무맹랑한 희망일지라도 애
써 만들어가며 살아보면 어떨까? 마음으로 간절히 바라
면 그 뜻이 이루어진다. 이를 '심상사성(心-想事成)'이라
한다.

　누구나 눈뜨면 힘든 세상을 살지만 30대는 유난히 좌

절과 절망을 많이 느끼는 때다. 삶이 버거울수록 희망은 더 필요하다. 설령 그 희망이 근거도 부족하고 이치에도 맞지 않는 허망하고 막연한 것일지라도 '희망적 생각'은 삶을 지탱해주는 등불이다. 그 희망이 허구적일지 실현 가능할지는 오직 시간과 노력이 결정해줄 뿐이니 큰 희망을 가지기 바란다. 나는 후생가외를 믿는다.

30대의 후생들이 시대의 버거운 짐들을 현명하게 해소해가리라 믿는다. 큰 꿈을 품고 진중하게 자신의 길을 걷는 가외할 후생들의 걸음에 훈풍이 함께하기를 바란다.

논어에서 배우는 인생 수업
나는 서른에 비로소 홀로 섰다

제1판 1쇄 발행 | 2014년 12월 29일
제1판 2쇄 발행 | 2016년 7월 18일

지은이 | 조광수
펴낸이 | 고광철
펴낸곳 | 한국경제신문 한경BP
편집주간 | 전준석
편집 | 마현숙 · 추경아
기획 | 김건희 · 이지혜
홍보 | 정명찬 · 이진화
마케팅 | 배한일 · 김규형
디자인 | 김홍신

주소 | 서울특별시 중구 청파로 463
기획출판팀 | 02-3604-553~6
영업마케팅팀 | 02-3604-595, 583 FAX | 02-3604-599
H | http://bp.hankyung.com   E | bp@hankyung.com
T | @hankbp   F | www.facebook.com/hankyungbp
등록 | 제 2-315(1967. 5. 15)

ISBN 978-89-475-2992-1   03320